HISTOIRE CONTEMPORAINE

D'UNE

COMMUNE DES VOSGES :

CHATEL-SUR-MOSELLE

De 1789 à 1892

SUIVIE D'UNE

NOTICE SUR LES ÉTABLISSEMENTS INDUSTRIELS EXISTANT A NOMEXY

PAR

A. DECELLE

Instituteur à Châtel-sur-Moselle

LAURÉAT DE LA SOCIÉTÉ D'ÉMULATION DES VOSGES

Mieux on connaît son pays, plus on l'aime.

EPINAL

IMPRIMERIE E. BUSY

—

1892

HISTOIRE CONTEMPORAINE

D'UNE

COMMUNE DES VOSGES :

CHATEL-SUR-MOSELLE

De 1789 à 1892

SUIVIE D'UNE

NOTICE SUR LES ÉTABLISSEMENTS INDUSTRIELS EXISTANT A NOMEXY

PAR

A. DECELLE

Instituteur à Châtel-sur Moselle

LAURÉAT DE LA SOCIÉTÉ D'ÉMULATION DES VOSGES

Mieux on connaît son pays, plus on l'aime.

EPINAL

IMPRIMERIE E. BUSY

1892

CHATEL

Châtel, dont nous essayons d'esquisser l'histoire contemporaine, qui sera en même temps celle de bien d'autres communes, était autrefois le siège d'un bailliage important.

Bâtie aux trois quarts en amphithéâtre et le reste dans la vallée de la Moselle, la ville, traversée par deux rivières, la Moselle et le Durbion, est encadrée de côteaux de vignes, malheureusement moins productifs qu'autrefois. Située sur le passage des chemins de grande communcation nos 6 et 10 d'Essey-la-Côte à Bourbonne-les-Bains, et de Châtel au Bonhomme ; sur le canal de l'Est, avec port à Châtel, et station de chemin de fer, de Nancy à Gray, ayant nom Châtel-Nomexy.

Population actuelle : 1 284 habitants.

Surface territoriale : 1.167 hectares, dont 346 en terres labourables, 104 en prés, 64 en vigne, 439 en bois, 20 en jardins, vergers, chenevières.

Valeur de la forêt : 647.000 fr.

Altitude : 295 mètres.

Terrain : muschelkalk (1) et alluvions modernes.

En somme, terre exceptionnellement riche en acide phosphorique et en potasse. Avec une bonne culture et des engrais, les terres de Châtel seront fertiles.

---

(1) NOTA. — Voici, d'après une analyse faite par M. Grandeau, ce qu'a donné une terre du muschelkalk :

Eau	4.77
Matières combustibles	4.88
Albumine ou oxyde de fer	10.88
Chaux	0.48
Magnésie	0.36
Potasse	0 82
Soude	0.06
Acide phosphorique	0.74
Résidu insoluble dans les acides	77.66
Total	100.65

HISTORIQUE

Avec la Révolution était né le gouvernement de l'Assemblée constituante, qui dura du 6 octobre 1789 au 3 septembre 1791. Du jour où cette assemblée se sépara, la France fut entraînée par deux mouvements contraires ; mais, entre ces deux tendances opposées, la Constituante poursuivit le cours de ses réformes, abattant d'une main, édifiant de l'autre avec ardeur.

C'est ainsi qu'elle divisa la France en 83 départements, subdivisés en districts, cantons et communes ; Châtel appartint au département des Vosges et au district de Rambervillers (1). Sa population se composait alors de 1.073 individus.

La marche de la Révolution devenait plus rapide ; la Législative avait succédé à la Constituante ; les événements se précipitaient, de grands dangers menacèrent notre pays.

Les émigrés et les prêtres réfractaires, c'est-à-dire ceux qui n'avaient pas voulu prêter serment à la constitution du clergé, fomentaient des troubles ; l'Assemblée leur répondit par des mesures rigoureuses, que le roi refusa de sanctionner. Les souverains étrangers s'alarmèrent : l'Autriche et la Prusse s'unirent contre nous ; le duc de Brunswick envahit la France à la tête d'une armée prussienne ; la ville de Longwy fut prise, Verdun capitula.

L'Assemblée décréta que la patrie était en danger. Dans toutes les places furent dressées des sortes de tribunes : les officiers municipaux, rangés autour d'une table couverte de drapeaux, recevaient les enrôlements ; les volontaires vinrent se faire inscrire au milieu des acclamations générales.

Châtel en fournit 22, dont voici les noms :

Forquin, Jean-François, secrétaire de la municipalité. — Martel,

---

(1) DISTRICT DE RAMBERVILLERS

1790-1791

5 cantons. — 55 communes.

CONSEIL GÉNÉRAL DU DISTRICT

Collin, Georges-Nicolas, à Châtel.
Philippe, Antoine,   id.
Tous deux faisaient en outre partie du Directoire comme administrateurs.
Juge de paix de Châtel en 1891 : Gerbaut.

Charles. — Jacquemin, Dominique. — Pichol. — Voirin, Jean. — Morel, Nicolas. — Dodinaire, Baptiste. — Dodinaire, Nicolas. — Vinot, Charles. — Moine, Pierre. — Playe, Louis. — Laforge, Sébastien. — Ninot, Claude. — Ninot, Pierre. — Colin, Baptiste. — Colin, Antoine. — Martin, Baptiste. — Martin, Louis, engagés dans le 1er régiment de chasseurs au quartier de Lunéville, désignés pour l'armée du Rhin.

Vinrent ensuite : Jacquemin, Jean. — Pichot, Dominique. — Bourbon, Jean. — Bourbon, Charles.

Le 12 frimaire, quatre de ces volontaires, atteints de nostalgie, étaient rentrés à Châtel dans la nuit. Aussitôt instruite du fait, la municipalité leur notifia d'aller rejoindre immédiatement leur bataillon, ce qu'ils firent.

Je m'abstiens de nommer ces défaillants d'un instant.

L'élan fut général dans toute la France. Un vieillard avait quatre fils ; ils lui demandèrent la permission de partir tous les quatre. — « Allez et battez-vous bien ». — Le bataillon partit. Le père ne voyait déjà plus ses enfants, mais il voyait encore le drapeau — « Mon Dieu, dit-il, comme ce drapeau s'éloigne vite !... Je suis trop vieux, je ne ne puis le suivre ». — « Comment ferez-vous pour vivre sans vos enfants ? » lui demanda-t-on. — « La patrie aura soin de moi ».

Ces volontaires, mal armés et mal disciplinés, furent repoussés aux premières rencontres, mais bientôt aguerris, ils devinrent d'admirables soldats. Ce fut « cette cohue de savetiers » qui gagna les mémorables batailles de Valmy et de Jemmapes.

Gœthe, l'illustre poète allemand, assistant au combat de Valmy, parlait en ces termes le soir de la bataille : « La plus grande consternation s'était répandue dans l'armée. Le matin encore, on ne parlait que d'embrocher et de manger les Français ; maintenant, chacun paraissait rêveur, on ne se regardait pas, et si cela arrivait, c'était pour détester ou maudire. On me demanda ce que je pensais de tout cela ; je répondis : « De ce lieu et de ce jour date une nouvelle époque dans l'histoire du monde, et vous pourrez dire : « J'y étais ».

La Législative se sépara le 2 septembre 1792 et fit place à la Convention. Le premier acte de cette Assemblée fut de proclamer la République.

Le 22 septembre, elle décréta qu'une ère nouvelle venait de s'ouvrir : ce fut l'an I de la République.

Pour mieux rompre avec le passé, la Convention substitua le calendrier républicain au calendrier grégorien.

L'année commençait le 22 septembre et se composait de 12 mois de 30 jours, suivis de 5 jours complémentaires. Les noms des mois étaient empruntés aux saisons :

Vendémiaire,	brumaire,	frimaire,
Nivôse,	pluviôse,	ventôse,
Germinal,	florial,	prairial,
Messidor,	thermidor,	fructidor.

Ce calendrier a duré jusqu'au 1er janvier 1806.

L'année 1793 fut une année terrible ; d'une part, la guerre extérieure, d'autre part la guerre civile. La Convention tint tête partout. Contre les ennemis de l'intérieur, on créa un comité de sûreté générale pour rechercher non-seulement les coupables, mais aussi les suspects, et un tribunal révolutionnaire pour les punir.

A Châtel, Dominique Husson fut nommé membre du Comité de surveillance contre les gens suspects, c'étaient surtout les prêtres réfractaires qui n'avaient pas voulu adopter la constitution civile du clergé. C'est ainsi que l'abbé Duguenot et le prêtre Joachim Cordier furent emprisonnés à Epinal. Défense fut faite par la municipalité d'enlever du vin de leurs caves, à moins que ce ne fût pour servir aux réquisitions du gouvernement.

Lorsque Robespierre arriva au pouvoir, il remplaça la religion catholique par le culte de la déesse Raison ; tout ce qui rappelait soit la féodalité, soit l'ancien culte, fut impitoyablement supprimé.

Voici à ce sujet des extraits de délibérations prises par le Conseil général de Châtel :

« Le 3 brumaire an II de la République une et indivisible, le conseil général de la commune de Châtel, assemblé en séance publique,

« Considérant que le mot Châtel semble être dérivé de la féodalité, que dans une république il ne doit exister aucun vestige de féodalité, ni mot significatif d'icelle, prend la délibération suivante : « Le procureur de la commune invite la Convention nationale à changer le nom de la ville de Châtel en celui de *Durbion-Mozelle*, cette commune étant au confluent de ces rivières.

Ont signé : MARTEL, GERBAUT, CHASSELLE, DIEUDONNÉ, MOINEL, RAIDOT, VINOT, GRANDCOLAS, HUSSON (Domin.), BRIQUEL, COSSERAT, etc.

Le 2 frimaire an II autre délibération demandant : 1º l'enlève-
ment le long des chemins ou sur les places publiques de tout ce qui
rappelle un culte extérieur, ainsi que tout signe de féodalité ; 2º les
ornements et vases en or et en argent, existant à l'église, seront
immédiatement transportés au chef-lieu du district, ainsi que
30 couvertures et 4 chevaux requis.

Le 18 frimaire, le maire Gerbaut et le conseil sont accusés d'apa-
thie et de trop de modération en ce qui touche le mouvement de la
Révolution. Gerbaut et un conseiller sont délégués pour justifier le
Conseil près du représentant du peuple Faure et près de la Convention nationale. Ils se rendirent à Rambervillers; mais leur révocation
fut maintenue, et le citoyen Tanant, alors procureur de la commune,
fut chargé de procéder à de nouvelles élections.

La municipalité, renouvelée, nomma maire le citoyen Briquel.

Voici la formule du serment public prononcé par chacun de ses
membres :

« *Je jure haine implacable aux tyrans, je jure ralliement
constant à la Convention nationale, je jure de maintenir de
tout mon pouvoir l'unité et l'indivisibilité de la République* ».

Le 4 pluviôse, le maire fait poser les scellés sur les meubles
séquestrés de Philippe Marchal, comme père d'émigré, en conformité
de la loi du 17 frimaire.

Le 14 pluviôse, pour se conformer à l'arrêté du représentant
Faure, à Châtel, on fait disparaître tout ce qui rappelle le culte
catholique : les figures qui se trouvaient « dans la ci-devant paroisse
et dans le ci-devant hermitage de Saint-Marin ».

Aussitôt trois drapeaux furent arborés :

1º Sur le temple de la Raison ;

2º Sur la maison commune ;

3º Sur le bâtiment national.

14 ventôse an II. — Par décret de la Convention, « toutes les
congrégations et confréries furent supprimées et leurs biens appar-
tinrent à la nation ». Les citoyens Galland et Petitdemange, com-
missaires désignés à l'effet de recevoir les comptes, rapportèrent :

1º Reliquat du rosaire. . . . . .   39 livres 17 sous.

2º Reliquat des agonisants . . . . . 2.754 l.   16 s.   6 d.

qui furent versés aussitôt dans la caisse du receveur des droits et
d'enregistrement.

On descendit les croix des clochers de l'église et de la maison des sœurs. La municipalité n'ayant trouvé personne à Châtel qui voulût se charger de cette besogne, l'adjudication fut faite par deux ouvriers de Charmes, pour 250 livres.

Les croix de Lorraine furent également détruites, ainsi que les deux dauphins placés au-devant du portail de l'église.

Le directoire d'Epinal avait décidé de ne pas mettre en vente, comme biens nationaux, la maison des capucins de Châtel, afin d'y loger les religieux dont l'ordre avait été dissout.

« L' ex-supérieur des capucins, le frère Pierre, demeuré gardien du couvent, se livrait à de vives manifestations. Lors de la procession de la Fête-Dieu, notamment, il avait voulu la recevoir à la chapelle, afin de bien établir que rien n'était changé. Le 4 juillet, on admonesta le frère Pierre, et on lui rappela que toute manifestation était interdite. Il se tint dès lors le plus tranquille.

« Poulain Grandprey signalait Châtel, le 26 juillet, comme le refuge et le point de ralliement des prêtres réfractaires, et demandait qu'on y mit un terme. Le curé constitutionnel de Châtel était un homme prudent et modéré ; mais l'ancien, Antoine Simon, était loin d'avoir ces deux qualités, et plus son successeur se montrait conciliant, plus il s'enhardissait.

« Enfin, à force de plaintes de la part des habitants, les capucins partirent. Mais l'ex-curé Simon resta, sous prétexte d'affaires à régler, et il continua comme avant à semer la discorde.

« Autour de lui se groupaient quelques habitants riches qui lui étaient dévoués, et par des largesses faites à propos ils captaient peu à peu les citoyens.

« Le maire de Châtel fut menacé pour avoir voulu faire respecter la loi ; la garde nationale obéissait à l'ex-curé, qui la réunissait sans ordre ; quant au curé constitutionnel, il était constamment insulté. C'était une situation intolérable. Le directoire commença par or— donner à M. Simon de s'éloigner dans les 24 heures, au moins à 5 lieues de la ville.

« Il lui fit défense d'entretenir des relations avec ses paroissiens, et enfin on mit les personnes en butte à des menaces sous la sauvegarde de la loi.

« Cette décision à peine connue, provoqua une pétition des habitants de Châtel en faveur de l'ex-curé. Ils vinrent eux-mêmes l'apporter au directoire, qui les reçut, mais ne se laissa point intimider par cette démarche. Il refusa d'accueillir la pétition, « la présence de Simon étant d'autant plus dangereuse qu'il a le moyen de se faire un parti parmi les citoyens les moins aisés, d'y entretenir le fanatisme et la fermentation, qu'on ne peut trop éviter » (1).

Partout, les esprits étaient surexcités ; nos frontières étaient menacées, des généraux trahissaient, les nobles conspiraient ; la guerre civile venait d'éclater en Vendée.

Il ne faut donc pas trop s'étonner des mesures rigoureuses prises par la Convention.

Un conventionnel, Barrère, vint dire au nom du Comité du Salut public : « La République n'est plus qu'une grande ville assiégée. Tous les âges sont appelés par la patrie à défendre la liberté : les jeunes gens combattront, les hommes mariés forgeront les armes, les femmes feront les habits et les tentes des soldats, les enfants mettront le linge en charpie, les vieillards se feront porter sur les places publiques pour enflammer les courages ».

Non seulement on réquisitionnait les hommes, mais aussi les céréales, les fourrages, les cuirs, etc.

Les événements se succédant avec une rapidité effrayante, le Conseil se tenait, pour ainsi dire, en permanence à l'Hôtel de ville ; nous nous contenterons d'enregistrer pêle-mêle ses décisions.

« Joseph Collardel, officier municipal, fut chargé de requérir et de recevoir tous les cuirs du sieur Boyer, seul tanneur de la ville, et de les distribuer aux cordonniers du canton pour faire des souliers qui seront remis audit commissaire, lequel les enverra au district de Rambervillers. » — Avoines, fourrages, souliers, chevaux, charpie confectionnée par les femmes, les vieillards et les enfants, tout était envoyé aux armées de la Moselle et du Rhin.

En exécution de la loi du 23 juillet 1793, deux cloches de l'église furent descendues ; on devait en fondre le bronze pour faire des canons.

8 octobre 1793. — Les filles et femmes appartenant aux congrégations ont juré publiquement d'être fidèles à la nation et de maintenir la liberté et l'égalité.

8 octobre 1793. — Le Conseil général de la commune (2) demande à

---

(1) Extrait des *Vosges pendant la Révolution*, par Félix Bouvier.
(2) Les conseils généraux des communes étaient ce que sont aujourd'hui les conseils municipaux.

requérir les cultivateurs des communes voisines pour amener sur le marché de Châtel les grains nécessaires à la nourriture des habitants de la ville. Le blé n'arrivant pas, on réclama au chef-lieu du district, à Rambervillers.

27 octobre 1893. — Les citoyens Nicolas Vuillaume et Nicolas Blallet sont déclarés adjudicataires pour la conduite de 80 quintaux de sel, de Dieuze aux Magasins généraux de Châtel, au prix de 6 fr. le quintal, soit 480 livres payés en un assignat de 400 fr., et le reste en écus.

Le directeur des salines n'accorda que 47 quintaux, qui furent distribués aux 1.073 individus de Châtel, à raison de 4 livres 6 onces par tête, au prix de 16 sous.

1793. — Sur l'ordre d'un représentant du peuple et en exécution d'un décret de la Convention, Châtel dut fournir 8 chevaux pour la cavalerie. La commission, ne les ayant pas trouvés dans la ville, dut se pourvoir dans les communes voisines.

16 brumaire an II. — Arrêté du Consell, par lequel tous les marchands de Châtel sont tenus, sous peine d'une forte amende, d'afficher dans leur magasin le plus haut prix de toutes leurs marchandises.

8 nivôse. — 300 quintaux de blé, seigle et méteil, fournis par les communes de Moriville, Rehaincourt, Damas, Zincourt, furent placés dans un grenier, à Châtel.

5 pluviôse. — Vu le manque de grain, le Conseil général décide que tous les chiens de Châtel seront tués dans les 24 heures, à l'exception de ceux appartenant aux pâtres, bouchers, cloutiers et laboureurs hors de l'enceinte de la commune, lesquels ne pourront en retenir que chacun un.

21 pluviôse an II. — Des voitures sont requises pour prendre des fourrages à Epinal et les conduire à Strasbourg.

1er ventôse. — La ville est en détresse, faute de grain : la famine est imminente.

9 thermidor an III. — « La municipalité et le Conseil général, en considération d'une remontrance de quelques citoyens, qui se plaignent de manquer de pain, désignent certaines personnes chargées d'aller trouver les particuliers pour les prier de se prêter aux circonstances, et de fournir quelle quantité de blé ils jugeront à propos, dont le prix leur sera payé comptant, s'ils l'exigent. »

22 fructidor an III. — Le sieur Sulpice Parmentier, citoyen de Nomexy, ayant traité pour la conduite des sels du canton de Châtel, déclare avoir reçu de la municipalité 3 360 livres pour 42 quintaux.

14 vendémiaire. — Parmentier déclare que les frais de chargement, reliage des tonneaux et autres se sont élevés à 300 livres pour la commune.

Nota — Pendant la dernière quinzaine de nivôse, le foin a été évalué 400 livres le quintal et la paille 220 fr.

Grâce à ses mesures énergiques, la Convention sortit victorieuse de la lutte qu'elle avait eu à soutenir contre les partis et contre l'Europe entière. Un grand génie, Carnot, avait organisé la victoire ; nos généraux furent partout vainqueurs, et les ennemis durent demander la paix.

De 1793 à l'an XII (1804), l'histoire de Châtel ne présente rien de saillant. Deux gouvernements se sont succédé : le Directoire et le Consulat.

Le 18 mai 1804, Bonaparte fut proclamé empereur sous le nom de Napoléon Ier. A cette occasion, un *Te Deum* fut chanté dans toutes les paroisses.

A Châtel, « les maire, adjoint, membres du conseil municipal, le commandant de la garde nationale, le juge de paix, le sous-inspecteur, le garde principal, le garde général et le receveur de l'enregistrement se sont fait un devoir d'y assister. »

Le 15 fructidor an XII, le conseil municipal fut convoqué pour se conformer à l'art. 56 du Sénatus-consulte du 28 florial, afin de prêter le serment dont la teneur suit : « *Je jure obéissance aux institutions de l'Empire et fidélité à l'Empereur* ».

Ont signé : Colin, Georges (Nicolas), Gaudel, Louis (Joseph), Dieudonné, Grégoire, Cosserat, Joseph Henry, Tanant, Périné, Dumont, Raidot, Gerbaut, maire.

30 fructidor an XIII. — Réquisition à Châtel. Dominique Châtelain, Dominique Jacquemin, Nicolas Poirson, François Poirson, durent fournir chacun un cheval garni de tous les harnais ; Joseph Jacquemin, une voiture garnie d'échelles, perches, cordes, pour le service des transports militaires de la Grande-Armée. En outre, Jacquemin dut fournir 3 resaulx d'avoine, Nicolas Poirson et Châtelain chacun 2 resaulx 6 imaux.

24 brumaire — Le sieur Laurent Ravoux est désigné par le sort pour être employé aux travaux de Kehl pendant tout le temps que les manouvriers seront employés.

Le 2 décembre 1804, Napoléon fut couronné empereur par le pape Pie VII. Un *Te Deum* fut chanté en l'église de Châtel, conformément au mandement de l'évêque de Nancy, dont le département des Vosges était suffragant.

Pendant toute la durée de l'empire, nous trouvons dans les registres de Châtel une série de délibérations prises à propos d'événements heureux arrivés à la France : victoires remportées par nos armées, naissance du roi de Rome, etc.

Ainsi, le 2 décembre 1810, on célèbre avec pompe la fête de l'anniversaire du couronnement de Sa Majesté l'empereur des Français et roi d'Italie, et celle de la bataille d'Austerlitz. Les membres des autorités militaires, civiles et judiciaires ont assisté au *Te Deum* chanté dans l'église paroissiale, après les vêpres, en actions de grâces. M. le curé avait prononcé à la messe un discours relatif aux devoirs des citoyens envers leur empereur.

Le 15 août 1807, « les membres des autorités constituées de Châtel ont assisté à la lecture et publication des traités de paix conclus entre l'empereur des Français, roi d'Italie, protecteur de la Confédération du Rhin, et l'empereur de toutes les Russies, le 7 juillet dernier, et le roi de Prusse le 9 du même mois ».

15 août 1808. — Célébration de la fête de l'empereur : bal, illuminations ; « les habitants ont montré beaucoup d'allégresse ; tout s'est passé avec joie, ordre et décence ».

21 mai, 8 juillet et 13 août 1809. — Nouveaux *Te Deum* en l'honneur des grandes victoires remportées par les armées françaises et alliées, commandées par Sa Majesté en personne, à Eckmühl, en Espagne, à Essling, à Wagram, etc.

En 1811, naissance du roi de Rome, fils de Napoléon Ier, et de Marie-Louise, archiduchesse d'Autriche. On fêta cet heureux événement.

« On fit des feux de joie ; 1/2 corde de bois et 23 fagots servirent à préparer les bûchers qui furent élevés sur la rive gauche de la Moselle, un peu au-dessous du pont. Le soir, toute la ville fut illuminée ».

Il n'est pas de beau jour sans lendemain... Notre pays avait alors assez de gloires militaires, assez de conquêtes ; la paix eût été pour lui aussi la bienvenue. Toute victorieuse qu'était la France, elle souffrait cruellement de cette guerre sans relâche, qui ôtait tant de bras à l'industrie et à l'agriculture.

L'hiver de 1810 avait été rigoureux ; les récoltes et les vignes gelées, la disette se déclara en 1811.

Et Napoléon, après avoir fait d'immenses préparatifs, lançait sur la Russie 500,000 hommes. C'est la campagne de 1812, qui devait nous amener une série de désastres.

Nos troupes, victorieuses au début, eurent beaucoup à souffrir du froid ; elles furent obligées de rétrograder de Russie en Allemagne, puis en France, où les armées alliées les suivirent : ce fut *l'invasion de 1814.*

L'ère des réquistions recommença.

Voici un premier état de ceux qui ont fourni l'avoine en 1814 pour l'approvisionnement des magasins militaires de Strasbourg et des sommes qu'il advint à chacun :

NOMS DES PARTICULIERS	QUANTITÉ	SOMMES PAYÉES PAR LA COMMUNE
		fr. c.
Jacquemin (Dominique) . . .	3 resaulx.	9 89 55
Poirson (Nicolas)	2 resaulx 6 imaux	9 07 06
Poirson (François).	id.	9 07 06
Châtelain (Dominique)	id.	9 07 06
Jacquemin (Joseph)	id.	9 07 06
Cargemel (Jean-Pierre)	1 resal.	3 29 84
Jacquemin (Dominique), jeune.	2 resaulx 6 imaux	9 07 06
TOTAUX.	17 resaulx 6 imaux	58 54 61

Le département des Vosges fut appelé à fournir 60,000 hectolitres d'avoine.

En janvier 1814, 25,000 Cosaques arrivèrent à Châtel. La Moselle étant gelée, ils la franchirent avec chevaux et caissons. Le nommé Jacoby, tonnelier, fut nommé interprète de la commune. Leurs réquisitions ayant été faites à l'avance, ils ne restèrent que trois jours.

Un engagement eut lieu après leur départ, avec les troupes françaises, entre Igney et Nomexy, à la Héronnière.

Bataille de la Héronnière. — Voici la relation de cette bataille, décrite par M. Fiel, ex-curé de Thaon, qui avait recueilli les renseignements de la bouche de M. Bourgeois, curé d'Igney et contemporain du combat.

« Le 7 janvier 1814, les Cosaques du Don firent leur entrée à Epinal par la route de Remiremont. Ils campèrent à la sortie de la ville, sur un plateau occupé aujourd'hui par les casernes et leurs dépendances. Ils avaient choisi ce lieu pour dominer la route de Nancy, car ils craignaient l'arrivée des Français, alors massés dans cette ville ou ses environs. Ils ne s'étaient pas trompés. Le 9, 3,000 soldats de toutes armes arrivèrent en vue d'Epinal et ne tardèrent pas à se mesurer avec les Cosaques, qui furent promptement mis en déroute.

Mais leur retour ne devait pas tarder. Le surlendemain, 11 janvier, le corps d'armée wurtembergeois tout entier, repoussant les Français qui avaient poursuivi les Cosaques assez loin sur Remiremont, entra à Epinal sous le commandement du prince royal de Wurtemberg.

Serrée de près par un ennemi beaucoup plus nombreux qu'elle, la division française se vit forcée de battre en retraite et de se replier sur Nancy pour y prendre du renfort. Elle n'en eut pas le temps. A peine arrivée à Igney, poursuivie par les Wurtembergeois, elle rencontra une armée de Cosaques qui venait lui barrer le passage.

Pris entre deux feux, nos soldats se défendirent tellement que le combat ne fut pas de longue durée. La trouée faite dans les rangs des Cosaques permit à la colonne française de continuer sa marche, échappant à l'ennemi, qui ne put même pas lui enlever son unique pièce de canon. L'action eut lieu en grande partie dans le village. A chaque pas on rencontrait des soldats se battant deux à deux.

Une pièce de canon fut placée par les Cosaques près de la grande fontaine à la jonction des rues, et pointée sur la voiture du Préfet des Vosges, qui fuyait Epinal en compagnie du sous-préfet de Remiremont, M de Mortemarre. Le coup partit et le boulet fracassa la voiture, tuant une partie de l'escorte. Les deux fonctionnaires échappèrent à la mort comme par miracle et essayèrent de gagner la forêt en se sauvant à travers champs.

Le préfet fut fait prisonnier et ramené le même soir à Epinal, sur une charrette, pour être, dès le lendemain, expédié en Allemagne.

Quant à M. de Mortemarre, il eut l'avantage d'échapper à l'ennemi et de pouvoir rentrer à Igney. Il alla frapper à la porte de M. Bourgeois, curé de la paroisse, qui, lui faisant porter un habit à demi ecclésiastique, parvint facilement à le donner comme sacristain aux officiers dont sa maison était pleine, et ils le prirent d'autant plus volontiers pour tel, que le lendemain il purent le voir en remplir les fonctions en sonnant les coups de la messe et allumant les cierges de l'autel.

Le boulet lancé sur la voiture préfectorale fut ramassé sur les lieux par M. le curé Bourgeois. Il est actuellement au musée de l'école d'Igney ; il est en fer massif, porte 0^m28 de tour et pèse 2^k700.

Plusieurs autres boulets ont, pendant le combat, frappé diverses maisons, où l'on peut encore les voir, tels qu'au jour même.

Le propriétaire d'une de ces maisons fit écrire au-dessous d'un projectile l'inscription suivante : « *Ce boulet, de Russe qu'il était, est devenu Français, le 11 janvier 1814* ».

Les pertes subies par l'armée française furent assez faibles, s'il faut en croire la note suivante inscrite sur le registre des *sépultures* de la paroisse.

« Le mardi 11 janvier 1814, il est mort sur le territoire d'Igney,
« vers 3 heures de l'après-midi, 16 militaires de différents corps,
« dans une retraite que nos troupes ont faite devant les armées
« alliées, depuis Remiremont jusqu'auprès de Charmes. Leurs corps
« ont été inhumés le surlendemain, par les soins de l'adjoint, sans
« crémonie. Signé : BOURGEOIS, curé. »

Cette inhumation eut lieu dans un endroit appelé la Basse-de-la-Héronnière, sur le bord de la vieille route à environ un kilomètre des maisons du village.

L'ennemi enterra ses morts partout où ils se trouvaient, et principalement à l'entrée d'Igney, au lieu où a été établie la halte du chemin de fer. Un grand nombre d'ossements humains ont été découverts lors des fouilles faites pour l'établissement de cette halte.

Un engagement eut lieu aussi à l'entrée de Nomexy, où se trouve située l'usine Peters. Le village de Nomexy fut mis au pillage. En établissant la route vers 1844, on y rencontra bon nombre de cadavres, probablement ceux de 1814.

Après une série de défaites, Napoléon abdiquait le 6 mai 1814, laissant à l'ennemi un matériel évalué à plus d'un milliard et demi.

Avec Louis XVIII, les Bourbons étaient rentrés en France. Bonaparte, qui de l'île d'Elbe les surveillait, profita de leurs fautes pour tenter de nouveau la fortune. Il aboutit à Waterloo, 1815.

Les alliés envahirent de nouveau la France ; les Cosaques repassèrent à Châtel, mais ils ne tracassèrent pas les habitants.

La seconde Restauration coûta cher à notre malheureux pays. Il fallut d'abord donner aux alliés 100 millions, puis une indemnité de guerre de 700 millions, et encore 370 millions de réclamations particulières Pendant trois ans, 150,000 soldats foulèrent le sol de la Patrie, nourris et entretenus à nos frais.

Voici la liste des sommes versées au centime le franc, à Châtel, dans la cotisation extraordinaire de 100 millions :

NOMS ET PRÉNOMS DES COTISÉS	MONTANT DES TAXES		NOMS ET PRÉNOMS DES COTISÉS	MONTANT DES TAXES	
Petitdemange, Baptiste	57	20	Mougel, Joseph	17	60
Châtelain, Dominique	13	20	Hacquard, Claude	35	20
Périné, Jean-Léopold	17	60	Gerbaut, Baptiste	145	20
Masson, Jean	48	40	Martel, Antoine-Félix	57	20
Bertinet, veuve	39	60	Mengin, Georges, père	96	80
Jacquard, Jean-Alexis	48	40	Hacquard, François-Thom.	57	20
Marchal, Claude-François	52	80	Boulangeot, Marguerite	39	60
Gaudel, aîné	26	40	Cholez, veuve	48	40
Balot, Charles	13	20	Cosserat, Dieudonné	48	40
Vinot, Jean-Nicolas	8	80	Dumond, veuve	52	80
Raidot, Jean-Claude	145	40	Tanant fils, notaire	70	40
Tanant, Joseph, père	171	60	Dieudonné, Grégoire	22	»»
Martin, Georges-Philippe	35	20	Jeandidier, Thérèze	26	40
Micard, veuve	26	40	Boyé, Nicolas	8	80
Génin, Claude	74	80	Bertrand, Charles	95	20
Colin, G.	96	80	Legrand, Louis	48	40
Martel, Jean-Nicolas	8	80	Lanelle, François	70	40
Masson, Dominique	57	20	Poncelet, Dominique	13	20
Thomas, veuve	48	40	Petitjean, Charles	17	60

Bon nombre de fonctionnaires abandonnèrent leurs émoluments pour subvenir aux besoins de l'Etat et contribuer à l'emprunt de 100 millions.

La France était donc amoindrie, ruinée, humiliée. Les alliés avaient rétabli Louis XVIII. A la place d'un empereur, nous avions un roi, un Bourbon peu populaire. Les fonctionnaires durent prêter serment de fidélité. Voici la formule de celui que prononça M. Martel, maire (1), le 15 mai 1816 :

« Je jure et promets à Dieu de garder obéissance et fidélité au Roi, de n'avoir aucune intelligence, de n'assister aucun conseil, de n'entretenir aucune ligue qui soit contraire à son autorité. Et si, dans le ressort de mes fonctions ou ailleurs, j'apprends qu'il se tienne quelque chose à son préjudice, je le ferai savoir au roi. — Signé : MARTEL. »

A partir de 1818, et comme au temps de l'empire, nous remarquons de fréquentes délibérations en vue de constituer en corps officiel les membres du Conseil, juges de paix, notaires, officiers en retraite et tous les employés de la commune, dans le but d'assister à une messe en l'honneur soit du retour de Louis XVIII, soit en mémoire de la commisération de la mort de Marie-Antoinette.

Le 15 juillet 1819, la dette de guerre par les troupes alliées s'étant élevée à 15,291 fr 42, pour Châtel, le conseil décide que 4,200 fr. seront payés sur les fonds communaux ; le reste sera pris sur la vente du quart en réserve, d'après l'ordonnance du 3 décembre 1817.

Le 22 octobre 1820, le corps officiel reçoit l'invitation de se rendre au *Te Deum* chanté en l'honneur de l'heureuse délivrance de Mme la duchesse de Berry.

Le 1er mai 1821, jour du baptême de S. A. R. le duc de Bordeaux, même cérémonie avec feux de joie, et bal ouvert par les fonctionnaires. Dans toutes les cérémonies officielles, on voit habituellement ce même corps de fonctionnaires, retraités ou non, assister aux vêpres.

« Le 25 août 1821, jour de Saint-Louis, MM. les maire, adjoint,
« membres du conseil municipal, juge de paix, son greffier, les
« notaires, huissiers, officiers en retraite ou pensionnés, receveur
« d'enregistrement et des droits réunis, percepteur, garde général à

---

(1) M. Martel, maire de Châtel sous la Convention. (*V. plus haut, p. 6.*)

« à cheval et tous les fonctionnaires publics soussignés, tous réunis
« à la mairie, sont allés de là en corps à l'église, et ils ont assisté à
« la messe solennelle chantée par M. le curé : tous ont formé des
« vœux pour la conservation de Louis-le-Désiré ». — Suivent les
signatures.

Louis XVIII mourut en 1824 et fut remplacé par son frère, qui
régna sous le nom de Charles X.

Moins libéral que son prédécesseur, il se crut appelé à faire revivre
l'ancienne monarchie.

Dès les premiers jours de son avènement, il fit demander aux
Chambres une indemnité d'un milliard pour les émigrés, le rétablis-
sement du *droit d'aînesse*, celui des *couvents de femmes*, etc.

Cependant, l'opinion libérale gagnait du terrain, le parti de l'op-
position se remuait, la presse répandait partout les idées nouvelles.
Le roi voulut la bâillonner. En 1830 parurent les ordonnances qui
supprimaient la liberté de la presse.

A Châtel, le sieur Govillot, accompagné de son tambour d'appari-
teur, l'annonça aux habitants en ces termes :

*La liberté de la presse est abolie, la noblesse reprend ses
droits.* »

Le sieur Jacoby, encore menuisier à Châtel (fils de l'interprète de
de 1814), entr'ouvrant sa fenêtre, lui cria d'un ton gouailleur : Ça
pou combie de to ? — Je n'en sais rie…

C'est à la suite de ces fameuses ordonnances royales qu'éclata la
Révolution de 1830. Pendant trois jours, les 27, 28 et 29 juillet, on
se battit dans les rues de Paris ; la province n'en ressentit aucun
contre-coup. Charles X abdiqua : il eut pour successeur Louis-
Philippe.

Le même conseil municipal de Châtel, convoqué pour jurer fidélité
à ce nouveau roi plus libéral, crie bien haut à l'Hôtel-de-Ville :
« Vive la Charte ! Vive la Liberté ! Vive Louis-Philippe ! Vive le roi
des Français !

Le 20 octobre 1830 des armes sont distribuées à la garde nationale. Chaque homme reçoit une baïonnette et un fusil dont il ne
doit faire usage que pour le service de la garde.

Le 26 juin 1831, sous la présidence de Martel, maire, eut lieu l'é-
lection des officiers et sous-officiers des gardes nationaux formant
une compagnie des voltigeurs.

En voici le résultat :

Capitaine,	Hyacinthe GERBAUT, avec 39 voix sur 55.		
Lieutenant,	Jⁿ-Baptiste POIRSON,	— 42 —	47.
2ᵉ lieutenant,	MOUGEL,	— 25 —	40.
Sous-lieutenant,	VALLON,	— 30 —	40.
Sergent-major,	HOUËL.		
Sergent-fourrier,	BONTEMPS.		
Sergent,	CHERRIÈRE.		
Sergent,	CONÉ.		
Caporaux,	CORDIER, DULOT, PIERSON, RENAUD, CONÉ, J.-Baptiste, TISSERAND, PHILIPPE.		

Le même jour, sous la présidence de M. Houillon, adjoint, eut également lieu l'élection des gradés de la compagnie des grenadiers.

Résultat :

Capitaine,	MAILLARD,	avec 37 voix sur 54.	
1ᵉʳ lieutenant,	DUMONT,	— 45 —	54.
2ᵉ —	MASSON, Ch.	— 33 —	54.
1ᵉʳ sous-lieutenant,	MOUGEL,	— 29 —	43.
2ᵉ —	CONUS, Charles,	— 25 —	43.
Sergent-major,	LEJAU, Joseph.		
Sergent-fourrier,	PHILIPPE.		
Sergent,	TISSERAND.		
—	MONSEY, Jean-Baptiste.		
—	HENNEQUEL, Dominique.		
—	MARGO, Joseph.		
Caporaux,	FRANÇOIS, Victor, MARTIN, Achille, COLPOIE, Dieudonné, CARNET, Nicolas.		

La garde nationale de Châtel eut son uniforme, son drapeau tricolore et son abonnement au *Journal officiel des Gardes nationales de France*.

Le 14 août 1831, les gardes nationaux, formant une compagnie de pompiers, furent convoqués pour procéder à l'élection des officiers et sous-officiers. — Résultat :

Lieutenant,	MOUGEL, Léopold,	avec 20 voix sur 25.	
Sous-lieutenant,	MASSON, Constant,	— 24 —	25.
Sergent,	TISSERAND, Jean.		
—	JEANDON, Claude.		
Caporaux,	MANGIN, Antoine, RENAUD, Antoine, PIERSON, Antoine, CHATELOT, Auguste.		

Dans l'intervalle, le 28 juillet 1831, l'adjoint, en remplacement du maire, avait convoqué les pensionnaires de l'Etat à la salle de la mairie pour assister au service funèbre en l'honneur des victimes tombées les 27, 28, 29 juillet 1830, en combattant pour la liberté.

En 1831, la population de Châtel était ainsi répartie :

Garçons	285
Filles	342
Hommes mariés	222
Femmes mariées	222
Veufs	19
Veuves	62
Militaires	24
Total	**1176 habitants,**

non compris le petit séminaire composé de 70 élèves, 4 professeurs, 4 domestiques.

Louis-Philippe fit peu de changements aux lois existantes : l'article qui reconnaissait la religion catholique comme religion d'Etat fut supprimé ; le cens d'éligibilité fut abaissé à 500 fr. et le cens électoral à 200 fr., ce qui maintenait les droits politiques à la fortune, sans faire une part spéciale à l'intelligence.

« Le 18 septembre 1831, les électeurs municipaux (110) se réunissent dans la grande salle de l'Hôtel-de-Ville pour renouveler le conseil municipal. M. Martel, maire, installa quatre scrutateurs et un secrétaire ; puis il fit connaître que les votes ne pouvaient se porter que sur les citoyens âgés de 25 ans accomplis ; que les 3/4 au moins des conseillers seraient domiciliés dans la commune, et les 2/3 pris dans les électeurs les plus imposés ou « censitaires ». Le président fit en outre observer que dans les communes ayant plus de 500 âmes, les parents et alliés au degré de père et fils ou frère ne pouvaient à la fois être membres du conseil municipal.

Il lut ensuite l'art 18 ainsi conçu :

« *Les préfets, sous-préfets, secrétaires généraux et conseillers de préfecture, les ministres des cultes en exercice dans leur commune, les comptables des revenus communaux et tout agent salarié par la commune ne peuvent être membres des conseils municipaux ; nul ne peut être membre de deux conseils.* »

Il fut alors procédé à un premier scrutin par bulletin de liste, c'est-à-dire que chaque votant écrivait sur son bulletin autant de noms que l'assemblée devait élire de conseillers.

L'appel des votants fut fait ; chacun des électeurs répondant à cet appel est venu déposer son bulletin dans l'urne.

Tous prêtèrent le serment prescrit par la loi du 31 août 1830, et conçu en ces termes :

« *Je jure fidélité au roi des Français, obéissance à la Charte et aux lois du Royaume.* »

Le nombre des votants s'éleva à 83.

Conseillers élus au 1ᵉʳ tour :

1. LEGRAND, Louis, rentier.
2. MANGIN, François.
3. MARTEL, Félix.
4. HOUILLON, Dominique.
5. THOMAS, Claude, rentier.
6. MASSON, Dominique.
7. MONSEY.
8. GERBAUT, Claude.
9. ANTOINE, Hyacinthe, notaire.

2ᵉ tour.

TISSERAND, Jean-Joseph, meunier.

HACQUARD, Claude.

GÉRARD, Jean-François.

DUMONT, Prosper, juge de paix.

AIGRETTE, Claude, marchand.

Gerbaut étant beau-frère de Martel, maire, a refusé en raison de l'incompatibilité.

Le 8 septembre 1831 paraît une ordonnance royale par laquelle il devra être formé dans le département des Vosges 51 bataillons de gardes nationaux.

Le canton de Châtel en fournit deux à lui seul, avec un total de 785 hommes ainsi répartis :

Châtel	270 hommes
Frizon	110 —
Mazelay	106 —
Igney	71 —

Thaon . . . . 60 hommes
Nomexy . . . . 101 —
Oncourt . . . . 67 —

Le roi se réservait de nommer l'adjudant-major et le chirurgien aide-major de chaque bataillon.

Le 6 novembre 1831, en la grande salle de la mairie, se réunirent les officiers du bataillon cantonal des communes désignées ci-dessus, au nombre de 8 capitaines, 11 lieutenants, 12 sous-lieutenants, c'est-à-dire 31 officiers et autant de sous-officiers, caporaux et gardes nationaux élus dans chaque bataillon

Furent nommés :

Chef de bataillon, GERBAUT.
Porte-drapeau, MOUGEL

État-major du bataillon :

Chef de bataillon, GERBAUT, 46 ans.
Adjudant-major, MAILLARD, Joseph, 53 ans.
Porte drapeau, MOUGEL, 48 ans.
Adjudant, PHILIPPE.
Sous-officier, ANTOINE, Joseph, 44 ans.
Chirurgien aide-major, HACQUARD, Joseph, 37 ans.

En 1838, la garde nationale fut dissoute, parce que les gardes nationaux avaient refusé de procéder à la réélection de leurs chefs. Les armes devaient rentrer dans les arsenaux de l'Etat, mais le ministre de l'intérieur les refusa.

Jusqu'en 1848 rien de saillant.

L'année 1847 fut mauvaise : la disette se fit sentir, les vivres se vendaient à des prix exorbitants ; c'était « la chère année », comme on l'appelait. Partout on installa des ateliers de charité, qui garantissaient le salaire aux indigents en état de travailler. La ville de Châtel vota d'abord 5,000 fr. aux ouvriers nécessiteux, à condition qu'ils iraient travailler sur les chemins vicinaux (côté de Hadigny).

Cette somme s'étant trouvée insuffisante, le Conseil adressa une demande au préfet pour recevoir une part des 4 millions que les Chambres avaient votés en faveur de la classe ouvrière ; en même temps il vota encore 3,000 fr. qui, ajoutés au secours du gouvernement, faisaient vivre les ouvriers, employés sur le chemin de Portieux.

En 1848, des fêtes publiques eurent lieu à Châtel au sujet de la proclamation de la République; on paya des rafraîchissements aux pompiers.

En 1852, proclamation de l'empire. Le Conseil municipal, voulant prouver son dévouement au nouveau régime, envoya à Napoléon III l'adresse suivante :

« Prince, le Conseil municipal de Châtel, heureux et fier de représenter une des communes de ce département des Vosges, dont l'empereur votre oncle sut toujours apprécier l'inaltérable dévouement, s'empresse, aussitôt après son installation, d'offrir à Votre Altesse Impériale l'hommage de son profond respect et de sa vive reconnaissance pour l'acte mémorable que vous a inspiré votre amour de la patrie.

« Soyez à jamais, prince, le chef de la nation dont vous avez été le sauveur. Cédez aux acclamations unanimes qui, sur tous les points de la France, vous invitent avec le plus énergique enthousiasme à assurer la sécurité du pays et à prendre un nom qui sera pour tous un souvenir de gloire, pour les factions anarchiques un sujet d'effroi et un gage de prospérité pour l'avenir.

« Comptez, prince, sur le loyal concours du conseil municipal de Châtel-sur-Moselle, organe fidèle de la population qu'il représente. »

Le 23 mars 1856, autre adresse à l'empereur à l'occasion de la naissance d'un fils :

« Le Conseil municipal de la ville de Châtel-sur-Moselle met au pied du trône l'expression de sa joie au sujet de l'événement qui, en vous donnant un fils, donne en même temps un gage de sécurité à la France.

« Que le Ciel, Sire, vous accorde la faveur d'un long règne, que votre fils grandisse sous les yeux de son Auguste mère, et qu'en lui se perpétue votre dynastie. Ce sont les vœux que forment en ce jour vos dévoués serviteurs et sujets. »

Ont signé : MASSON, DE LA TOUR, RAGUEL, GÉRARD, PARISOT, PETITJEAN, MOUGEL, VINOT (maire).

Comme nous le remarquons, les membres du Conseil municipal de Châtel étaient enthousiasmés de Napoléon III.

Jugeons-en encore par cette autre adresse à l'empereur en date du 2 mai 1859 :

« A Sa Majesté Napoléon III.

« La France est heureuse de son empereur. Après le triomphe de la victoire, elle va goûter les bienfaits d'une paix durable!

« Jouissez, Sire, du spectacle de son bonheur et que le ciel favorable à nos vœux, protège et perpétue votre dynastie. »

« Nous sommes, avec le plus profond respect, Sire, de votre Majesté, les très fidèles et très dévoués sujets. »

Ont signé : Ch. PHILIPPE, MOUGEL, RAGUEL, MASSON, DE LA TOUR, PETITJEAN, GÉRARD, VINOT, maire.

Les bienfaits d'une paix durable ! la guerre de Crimée était terminée et la guerre d'Italie allait commencer, pour être suivie de l'inutile expédition du Mexique et de la fatale guerre de 1870.

En 1866, de grandes fêtes eurent lieu à Nancy, à l'occasion du centenaire de la réunion de la Lorraine à la France.

L'impératrice vint les présider et les communes envoyèrent leurs délégués.

Le Conseil municipal de Châtel vota 250 fr. pour l'achat d'une bannière, afin de participer à ces fêtes.

Le 12 juin 1867, adresse à l'empereur à l'occasion de l'attentat du 6 juin 1867. En voici la teneur :

« Sire, la France a vu avec indignation un étranger qui est venu souiller son sol hospitalier.

« Mais le ciel qui vous a confié les destinées de notre patrie n'a pas permis que l'acte criminel du 6 juin s'accomplisse, et vous a couvert de sa protection spéciale.

« Votre salut, Sire, est pour nous une précieuse consolation, il fait éclater une fois de plus nos sentiments d'affection et de fidélité que nous nous empressons de déposer à vos pieds. »

« *L'empire, c'est la paix* » avait dit Napoléon III en montant sur le trône. Il n'avait pas tenu ses promesses : sa dictature ne pouvait être que temporaire.

Les partis antagonistes, exploitant habilement les fautes du gouvernement, se fortifièrent ; les élections de 1869 furent la constatation des désirs de liberté.

La confiance en l'empire était grande encore, puisque le 8 mai 1870, un plébiscite donna comme résultats : 7,300,000 *oui*, contre 1,500,000 *non*.

Et cependant la guerre avec la Prusse allait éclater. Cette puissance rêvait de reconstituer l'empire germanique ; pour cela il fallait écraser la France, qui aurait pu s'opposer à cette reconstitution. Tout son peuple devint soldat de 20 à 60 ans. 1,500,000 hommes furent armés et disciplinés ; on leur donna des chefs sans scrupule, qui disaient : « la force prime le droit », et ils agissaient en conséquence.

En France, on ne voyait rien ; l'habitude de vaincre nous avait rendus téméraires et aveugles : personne ne remarquait les défauts de notre armement.

La Prusse eut l'habileté de se faire déclarer une guerre qu'elle souhaitait depuis plusieurs années.

Le début des hostilités commença en juillet, 500,000 ennemis furent amenés sur nos frontières en quelques jours, grâce à une prompte mobilisation. Nous n'eûmes à leur opposer que 250,000 hommes espacés sur une ligne de 75 lieues.

Vainqueurs dans toutes les rencontres, les Prussiens envahissent notre pays. Ils font leur première apparition à Châtel le 18 août 1870.

En ce jour avait lieu une réunion du Conseil : au moment où le maire, M. Vinot, annonçait qu'aucun Prussien n'avait été aperçu aux environs, on entendit le bruit des chevaux sur le pavé. En effet, un corps de cavalerie arrivait inopinément à Châtel. Un officier et six soldats, pistolet au poing, font aussitôt apparition au milieu des conseillers municipaux.

Ils obligent immédiatement l'adjoint à les accompagner chez le receveur des postes, enlèvent pour 1,200 fr. de timbres, se dirigent ensuite chez le receveur buraliste et lui prennent du tabac qu'ils payent avec des monnaies allemandes.

C'est dans le même moment qu'on a requis près de la ville une assez grande quantité de pain pour l'armée du général de Failly, passant en pleine déroute, à Charmes.

Le 25 juillet 1870, le Conseil avait voté 1,000 fr. pour secours aux blessés de notre armée. Le 1er septembre suivant, nouveau vote de 10.700 fr. pour subvenir aux dépenses occasionnées par l'occupation allemande.

Après les défaites de Wissembourg, de Forbach, de Reichshoffen, survint la catastrophe de Sedan, qui amena la proclamation de la République, le 4 septembre 1870.

L'établissement de la garde nationale étant de suite ordonnée, le maire se rendit le 5 septembre à la Préfecture pour obtenir des fusils

Là, il trouva encore en fonction M. Léon Grachet ; le 9, M. George était installé.

C'est en ce jour que le tirage au sort du canton de Châtel pour l'année 1871 eut lieu à la Préfecture.

Francs-tireurs. — De ce moment au 10 octobre, diverses compagnies de francs-tireurs passèrent dans cette ville ; une compagnie s'était formée à la Verrerie de Portieux, sous la direction de M. Mougin.

Garde nationale. — Une garde nationale fut organisée à Châtel ; les hommes armés et équipés eurent pour chefs :

GOVILLOT, Charles, lieutenant ;

TROMPETTE, Victor, sergent-major ;

GLEY, notaire, sergent ;

SIMONIN, Constant, sergent ;

VINCENT, père, sergent.

On montait la garde, on faisait des patrouilles, et les voyageurs qui n'étaient pas munis de passe-debout étaient arrêtés.

Campagne de Padoux. — Dans la nuit du 9 au 10 octobre, un dimanche, vers 11 heures du soir, le poste reçut une dépêche de Moyemont par laquelle on demandait des secours Aussitôt on la communique au maire, qui la fait remettre à son adjoint, sous-lieutenant de la compagnie des francs-tireurs. Ce dernier demande si les gardes nationaux sont disposés à partir, les officiers répondent affirmativement et la générale est battue. En peu de temps, tout le monde est sur pied, en rang le long du quai.

La garde nationale, composée d'une centaine d'hommes et une douzaine de francs-tireurs, le sous-lieutenant en tête, se trouvent prêts à partir. Les femmes accourent, embrassent leurs maris et rentrent désolées au logis quand le détachement se met en route. Le docteur Thomas et une sœur de charité, avec de la charpie, suivent la colonne.

Le maire, qui avait accompagné ses concitoyens jusqu'à la sortie de la ville, ne les quitta pas sans leur recommander la discipline, l'obéissance aux chefs, et à ceux-ci beaucoup de prudence.

Après avoir dépassé Hadigny, puis Badménil-aux-Bois sans encombre, on arrivait à Padoux, lorsqu'une balle tirée d'une maison vint siffler aux oreilles de l'avant-garde des francs-tireurs. La colonne s'arrête... On s'informe des Prussiens et l'on apprend que la veille Rambervillers s'est bravement défendue, mais que la masse des ennemis a obligé les gardes nationaux à battre en retraite sur Epinal.

Ordre est alors donné de quitter le village distant seulement de 12 kilomètres du théâtre du combat. On se dirigea sur Villoncourt à travers bois. L'arrière-garde aperçut alors quatre uhlans à une distance de 2 kilomètres ; ils disparurent aussitôt. On traversa donc Villoncourt, Domèvre-sur-Durbion, et l'on rentra à Châtel vers 4 heures du soir, après avoir enduré une pluie battante tout le jour.

Sur 100 fusils des gardes nationaux qui furent déchargés dans le Durbion avant d'entrer en ville, 4 seulement partirent. Avec de telles armes il n'y avait rien à faire.

Les femmes furent heureuses de retrouver leurs maris sains et saufs ; et afin, sans doute, que l'envie ne leur reprenne d'entreprendre semblable expédition, le soir même elles se précipitaient à la mairie pour y déposer tout ce qu'elles rencontraient en fait d'armement.

Nos braves Châtellois purent s'assurer en rentrant que le patriotisme n'est pas seulement du domaine des hommes. En effet, ils virent les femmes de Bettegney et de Regney armées de faulx, de fourches ou de pics, qui étaient accourues, accompagnant leurs maris pour combattre les Prussiens.

Heureusement pour les hommes, comme pour les femmes, les Prussiens n'arrivèrent que le surlendemain.

C'est au retour de cette campagne que l'adjoint dit au maire : « Il n'y a rien à faire. Nous devons arrêter la confection des vêtements de la garde nationale ».

Aussi, à l'instant même, voyant que la résistance n'était pas possible, le maire fit une proclamation aux habitants en leur disant que l'ennemi s'approchait, qu'il fallait rester prudent et sage, afin d'éviter de grands malheurs. Près de cent fusils furent rapportés à la mairie.

Le 12 octobre, en effet, les Prussiens arrivèrent à midi.

Le maire fut sommé, par un officier très brutal, d'aller près du cimetière pour les recevoir.

Il y avait un corps de cavalerie et un corps d'infanterie ; un prêtre catholique à cheval, en qualité d'aumônier, suivait par derrière.

Ce prêtre tint à célébrer deux grandes messes et voulut prêcher.

Pour la répartition des logements, le Conseil municipal partagea la ville en cinq catégories. On donnait aux logeurs, dans une distribution qui se faisait sous les Halles, 1/2 kilog. de pain et autant de viande par homme.

Le canton, suivant le « règlement » du préfet allemand, devait fournir la moitié des denrées et pouvait s'acquitter soit en nature, soit en argent.

BITTER venait d'être nommé préfet des Vosges. De concert avec le général de Werder, son premier soin fut d'obliger les notables, soit d'Epinal, de Charmes ou de Châtel, à accompagner les trains.

Noms des notables de Châtel désignés par le Conseil pour accompagner les trains de chemins de fer se dirigeant sur Charmes et sur Epinal. — Ce devoir fut imposé à partir du 4 janvier 1871.

NUMÉROS	NOMS	NUMÉROS	NOMS	NUMÉROS	NOMS
1	Vinot, maire.	23	Grandcolas.	45	Albaney.
2	Vallon, adjoint.	24	Gréa.	46	Bougel, V.
3	Conus, Charles.	25	Haillant.	47	Coché, Ch.
4	Thomas, Félix.	26	Lutz.	48	Coché, R.
5	Trompette, Emile	27	Léjeau, Léon.	49	Govillot.
6	Gérard, Alcide.	28	Monzey.	50	Germonville.
7	Bedon, Eloi.	29	Marienne.	51	Carré.
8	Bombard.	30	Martel.	52	Govillot.
9	Masson.	31	Montagne.	53	Grandjacquot.
10	Petit.	32	Mougel.	54	Guillaume.
11	Chapuy.	33	Mangin.	55	Jacquemin.
12	Benay.	34	Vinot.	56	Lintz.
13	Canon.	35	Philippe.	57	Maillard.
14	Masson, C.	36	Raguel.	58	Mougin.
15	Châtelain.	37	Tanant.	59	Mengin.
16	Coupois.	38	Remy.	60	Radlé.
17	Chassard.	39	Trompette.	61	Robin.
18	Courteau.	40	Vautrin.	62	Viac, V.
19	Durain.	41	Vaxelaire.	63	Viac, G.
20	Denis, Paul.	42	Ravoux.	64	Weil.
21	De Finance.	43	Virieux.	65	Vincent.
22	Gley.	44	Villemin.	66	Poignon.

On accable la commune de réquisitions de toute nature ; on exige d'elle une capitation (2 fr. par tête), et enfin on la force de payer d'énormes contributions.

La menace de l'exécution militaire est consignée dans chaque circulaire préfectorale, et à diverses reprises on somme les habitants d'apporter à la mairie les armes de toute provenance.

On avait établi à l'Hôtel-de-Ville un service postal avec deux facteurs ruraux, qui parcouraient le canton ; un conseiller municipal remplissait les fonctions de receveur.

Au 2 décembre, la garnison voulut s'établir au séminaire ; les logeurs furent requis de fournir les lits nécessaires et tout ce qui devait servir à l'entretien, tels que pain, vin, viande, bois, légumes, éclairage et tabac.

Outre ces charges écrasantes, il fallut subvenir aux passages trop fréquents des Allemands.

Enfin, le 10 mai 1871, le traité de paix fut signé à Francfort ; mais après le départ de la garnison, il y eut encore des passages : le jour de la Fête-Dieu, un pasteur protestant s'empare de l'église pour y faire son office.

En cette année, la variole et la fièvre typhoïde firent beaucoup de victimes dans cette commune.

Du 5 février au 5 mai 1872, Châtel supporta une petite garnison de 40 hommes, avec quelques passages.

La municipalité régla le chiffre des indemnités dues à tous les convoyeurs qui avaient été forcés de mettre chevaux et voitures à la disposition des Prussiens.

Continuation de quelques passages jusqu'au jour de la délivrance du territoire français. Elle eut lieu au mois de juillet 1873.

Pour faire face à toutes les dépenses, Châtel dut recourir à un emprunt de 50,000 fr.

Toutefois, elle n'eut pas, comme dans d'autres villes, de grands malheurs à déplorer, grâce à la prudence des administrateurs et à la sagesse de ses habitants.

On eut à supporter bien des peines morales, bien des humiliations, bien des dégoûts. La mairie surtout donna considérablement de besogne. L'adjoint, M. Vallon, qui avait succédé à M. Vinot (1874) comme maire, voulut bien se charger de la plus grande partie. On eut aussi un auxiliaire dans la personne de l'instituteur, qui servait utilement d'interprète.

La France, humiliée et vaincue, s'est relevée de ses malheurs, malgré l'énorme contribution de guerre de 5 milliards qu'il a fallu payer à la Prusse, malgré la guerre civile et l'occupation allemande. Elle a acquis une nouvelle vie sous l'impulsion donnée par M. Thiers, nommé chef du pouvoir exécutif ; la France s'est libérée et a obtenu l'occupation anticipée de son territoire. M. Thiers a bien mérité de la Patrie ; on l'a surnommé le « libérateur ». Lorsqu'il est mort, en 1878, la commune de Châtel a voté 50 fr. pour l'érection de sa statue à Nancy.

Le 5 mai 1889, fêtes du centenaire rappelant l'ouverture des Etats-Généraux de 1789.

Vote de 265 fr. :

Illumination	. . . . . .	30 fr.
Bal gratuit	. . . . . .	40
Indigents	. . . . . .	150
Pompiers	. . . . . .	25
Hospice	. . . . . .	10
Musiciens	. . . . . .	10

Répartition.

Discours fait par l'instituteur à l'Hôtel de ville et rappelant les événements de 1789.

Nota. — Nous donnons plus loin ce discours.

CLERGÉ

En 1789, le clergé formait un des trois ordres de la Société française, ayant ses représentants au Parlement : 291 membres.

Avec la Révolution, il cessa de former un ordre à part dans l'Etat ; il cessa d'être propriétaire.

L'Assemblée constituante décréta que les électeurs qui nommaient les députés à l'Assemblée nationale pourraient voter pour les évêques et les curés : ce fut *la constitution civile du clergé*, à laquelle tous les prêtres devaient prêter serment, et qui rendait les évêques presque indépendants du pape.

Beaucoup se refusèrent à reconnaître cette constitution : on les appela prêtres réfractaires.

La Révolution enleva plusieurs bénéfices au clergé. Beaucoup de ses membres firent des réclamations.

« A Châtel, Jean-Charles Rozières, prêtre-vicaire, déclare à la mairie qu'en 1789 il a joui d'une pension de 450 livres de France sur les biens des Jésuites et d'une chapelle, dont le produit est en *dixmes* sur le finage de Portieux, admodiée un louis à Nicolas Vincent dudit lieu, et en dixmes sur le finage de Domaivre, admodiée à Charles et Joseph, les Thomas dudit lieu, au prix de 87 livres ».

En 1793, la France était menacée, la cause de la Révolution semblait perdue. La Convention la sauva en déployant une énergie terrible. Des mesures sévères furent prises : un comité de *salut public* fut chargé de rechercher les suspects, on organisa un tribunal révolutionnaire pour les juger. (Les suspects étaient surtout les nobles et les prêtres réfractaires.)

A Châtel furent arrêtés, puis conduits en prison à Epinal les abbés Duguenot et Joachim Cordier ; mais il ne fut pas permis de toucher à leurs biens, ainsi que le constate une délibération du Conseil municipal, en date du 21 brumaire an II, conçue en ces termes :

« Le Conseil défend d'enlever ou de laisser enlever du vin des caves dudit Duguenot, en arrestation à Epinal, à moins que pour les réquisitions du gouvernement ».

Lorsque la Convention fut sortie victorieuse de toutes ses luttes, la pacification des esprits commença ; beaucoup de prêtres firent adhésion à la Constitution civile et prêtèrent le serment exigé.

Le 23 fructidor an III comparaît au greffe de la municipalité Joachim Cordier, l'ex-prisonnier d'Epinal et prêtre résidant à Châtel, lequel déclare qu'il se propose d'exercer le culte catholique, apostolique et romain dans l'étendue de cette commune, et a requis qu'il lui fût donné acte de sa soumission aux lois de la République.

La Constitution de l'an VIII organisa le Consulat. Par leurs premières mesures, les consuls montrèrent un grand esprit de conciliation ; les proscrits furent rappelés ; les prêtres réfractaires furent élargis et les églises réouvertes.

Bonaparte, devenu 1er consul, signa avec le légat du pape un Concordat, par lequel le traitement du clergé était payé par l'État ; celui-ci avait la police du culte, la nomination des évêques et archevêques, mais au pape seul appartenait l'investiture canonique.

En outre, les prêtres étaient obligés de prêter un serment de fidélité au gouvernement.

Voici un extrait du procès-verbal d'installation des ecclésiastiques nommés par M. l'évêque de Nancy, en conformité de la loi du 18 germinal an X, pour exercer les fonctions de curés et de desservants dans le département des Vosges :

« Aujourd'hui, 20 pluviose an XI de la république française, à 11 heures du matin, le préfet des Vosges, accompagné du secrétaire général, des conseillers de préfecture, des membres des tribunaux et des principaux fonctionnaires publics, civils et militaires, s'est rendu à l'église afin de recevoir le serment auquel MM. les curés sont obligés par le Concordat. A cette occasion, une messe solennelle a été célébrée, et immédiatement après l'évangile MM. les curés et desservants, pourvus des instructions de M. l'évêque, ont prêté individuellement entre les mains du préfet leur serment de la manière suivante : savoir, M. Thumery, Jean-Louis, nommé à la cure de Châtel. « *Je jure et promets à Dieu sur les saints évangiles de garder obéissance et fidélité au gouvernement établi par la constitution de la République française ; je promets aussi de n'avoir aucune intelligence, de n'assister aucun conseil, de n'entretetenir aucune ligue, soit au dedans, soit au dehors, qui soit contraire à la tranquillité publique ; et si, dans ma paroisse, j'apprends qu'il se trame quelque chose au préjudice de l'Etat, je le ferai savoir au gouvernement.* » De tout quoi le secrétaire général a dressé à l'instant procès-verbal, dont un extrait a été remis à MM. les curés et desservants, afin qu'ils puissent, sans aucun délai, entrer en possession des places qui leur sont confiées. »

« *Le Préfet des Vosges*, signé : LEFAUCHEUX.

« *Le Maire :* GERBAUT. »

Voici un état des recettes et des dépenses de l'église en date du 11 mai 1807 :

Revenus de la fabrique . . . . , ... 70 fr.

Revenus, casuels et oblations 50

Total. . . . . 120 fr.

DÉPENSES

Rétribution de 2 chantres . . . . 200 fr.

Sacristain. — Bedeau. 200

Vin de messe, cire, huile. 300

Rétribution d'une messe à l'issue de la Passion. . . . 50

Total. . . . . 750 fr.

Excédent de dépenses. . . . . 630 fr.

supporté par le budget communal.

En 1816, quelques réparations furent faites à l'église ; mais en 1847, le Conseil voulant, « dans l'intérêt de l'art », conserver ce monument, dont l'architecture date du XIVe siècle, chargea M. Grillot, architecte départemental, de dresser un devis, lequel s'éleva à la somme de 29,000 fr.

L'église fut agrandie : deux chapelles furent construites.

En 1852, reconstruction du grand escalier.

1856. Vote de 1,200 fr , ajoutés aux 800 fr de l'État et aux 500 fr. de la fabrique, pour nouvelles réparations.

1858. Vote de 3,000 fr. pour travaux à l'église.

1860. Vote de 5,000 fr. pour pavage de l'église.

1860. Vote de 3,000 fr. pour vitraux.

1862. Mandat de 3,000 fr. au sieur Laurent, sculpteur à Nomexy, pour construction d'autels.

1865. Nouvelle dépense de 550 fr. pour vitraux. Même année, 1,000 fr. pour travaux à la voûte des fonts baptismaux.

1867. Débours de 3,000 fr. pour refonte des cloches.

Choléra. — En 1854, cette terrible épidémie fit son apparition en France. Les victimes furent nombreuses à Châtel (1) : 56 décès sur une population de 1,250 habitants. Les rues du Moulin et de la Fontaine furent le plus éprouvées, parce qu'elles sont les plus étroites et les moins saines, à cause du passage du Durbion sous les maisons.

Le premier cas se déclara sur un ouvrier du nom de Poirson, Emmanuel, travaillant à l'érection d'un pont sur la route de Vaxoncourt, à l'entrée de la ville. Cette construction fut appelée depuis *pont du choléra*.

Médecins, sœurs, prêtres, civils rivalisèrent de dévoûment.

Le Conseil vota des remercîments à M. Morquin, supérieur du séminaire, qui avait mis son établissement à la disposition de l'autorité et soigné les cholériques.

Des hommages furent également votés à Marie-Anne Coché, en religion sœur Augustine, dont le zèle et le dévoûment furent au-dessus de tout éloge ; à Mlle Louise Bonnet, et enfin à M. Houël, adjoint, qui remplissait les fonctions de maire et mourut victime de son dévoûment.

M. Constant Masson, maire, avait, pendant l'épidémie, pris le chemin de la montagne.

(1) *Voir Appendice.*

INSTRUCTION

En 1426, il y eut à Châtel fondation pour un magister.

« Des prêtres et des laïques consignent sans bruit leurs généreuses intentions dans un acte notarié. Tous veulent que l'enfant soit élevé ès-saines doctrines, ès-bonnes lettres, dans la crainte de Dieu et le respect du devoir ».

« Divers conciles avaient enjoint aux curés de tenir école en leur maison et de veiller avec soin à ce que l'on instruise gratuitement les enfants, avec douceur et charité ».

Une régence fut établie à Châtel, en 1710.

Malgré les luttes terribles qu'elle avait à soutenir contre ses ennemis du dedans et du dehors, la Convention réalisa toutes les réformes. Elle décréta une instruction nationale, créa des écoles de toutes sortes et des écoles primaires. Les maîtres furent assez bien rétribués relativement.

C'étaient pour la plupart des individus ayant un autre métier manuel et connaissant seulement les éléments de la lecture, de l'écriture et du calcul.

L'éducation et l'instruction des élèves n'étaient que secondaires pour eux ; ils s'occupaient avant tout de réaliser des bénéfices. En voici un exemple :

En 1793, « 4 citoyens de Châtel se plaignent à la mairie que le maître d'école, Petitdemange, néglige ses devoirs à l'égard des enfants ; que plusieurs, déjà âgés, ne savent pas les premiers éléments de la lecture et de l'écriture ; qu'au lieu de tenir son école, il court les villages acheter des grains, confiant les élèves à son épouse, et que, s'il arrive qu'il s'y trouve, il s'amuse avec les enfants à jouer aux liards au lieu de les enseigner. Qu'à tous égards il ne remplit pas son traité auquel il s'est engagé. De tout quoi ils forment plainte et prient le Conseil général de la prendre en considération, et ont signé, lecture faite ».

Informé de la plainte, M. Petitdemange donnait sa démission le 11 du même mois. Mais le 15, le Conseil, ayant ouï le citoyen curé, qui n'avait rien à formuler contre l'inculpé, la démission ne fut pas acceptée.

En 1806, l'école des filles était tenue par la sœur Vatelotte qui, à différentes reprises, reçut des félicitations du Conseil. Traitement de 200 fr. fixé par l'arrêté du 15 prairial an XII.

1808. Aménagement de la nouvelle école des filles, occupée ci-devant par les sœurs des Capucins, vendue par le sieur Lasselle pour 1,550 livres.

L'ancienne, trouvée trop spacieuse pour les enfants, convint, après agrandissement, comme maison de cure, à laquelle on ajouta un jardin de 6ᵃ 13, vendu 1,000 fr par le sieur Hacquard.

En 1825, le sieur Pitois, licencié ès-lettres, ex-professeur royal, fut autorisé à enseigner à Châtel les langues française et latine.

M. Conus, instituteur en 1838, devait instruire gratuitement 1/5 des indigents. C'est vers cette époque que l'école des garçons située derrière l'église fut installée à l'Hôtel-de-Ville, ainsi que le logement de l'instituteur. Le traitement de ce dernier était ainsi composé :

1° Des 0 fr. 75 de la rétribution scolaire mensuelle ;

2° D'une somme de 400 fr. prise sur le budget communal ;

3° D'une gratification annuelle de 200 fr.

Total du traitement : de 1.400 à 1,500 fr.

Comme population scolaire, nous avons relevé pour l'année 1839 les chiffres suivants :

Ecole des garçons . . . . 108 élèves.

Ecole des filles . . . . 116 —

Au temps de l'Empire, l'enseignement fut placé sous la haute main du clergé, dont il sentit l'influence.

Le 9 novembre 1852, « le Conseil, considérant que l'éducation de la jeunesse doit être l'objet de la sollicitude la plus constante et la plus active, puisque d'elle seule dépend l'avenir de la société, et que sans elle l'homme n'a plus d'autre mobile que ses instincts ; que cette éducation pour former des hommes moraux et des citoyens amis de l'ordre doit être essentiellement religieuse ; que l'instruction est l'apanage des ordres religieux, tout aussi bien que des hommes du monde ;

« Que Châtel, par sa population, réclame la présence de deux instituteurs pour 100 élèves au moins, délibère :

« Art. 1ᵉʳ. — Que l'école sera tenue à partir d'octobre prochain par deux frères Marianistes, dont la maison-mère est à Bordeaux.

« Art. 2. — Une somme de 1,200 fr. est votée pour le traitement de ces frères, qui jouiront, quant au logement et au chauffage, des mêmes droits que les instituteurs précédents. (60 stères de bois étaient destinés aux écoles.)

« Le Conseil, pénétré de la gratitude la plus grande pour le généreux désintéressement de M. le curé Jeanpierre, qui s'engage à fournir le mobilier nécessaire aux besoins des frères futurs, lui en exprime hautement sa reconnaissance. »

« Délibéré, etc. »

En 1853, achat de la maison Dumont, ex-officier, pour 10,000 fr., « moitié de sa valeur ». C'est l'école des filles actuelle.

La vente d'une coupe affouagère servit à en payer le montant.

Les maîtres et maîtresses n'avaient guère enseigné jusqu'alors que les éléments de la lecture, de l'écriture et du calcul. Le Conseil municipal (1853) demanda au recteur que l'instituteur fût autorisé à enseigner le *dessin, l'histoire et la géographie.*

Le traitement du chef fut élevé à 1,200 fr.

A partir de cette époque, le Conseil vota tous les ans une certaine somme pour achat de livres destinés à récompenser les élèves studieux.

1860. Vote de 5,000 fr. pour création d'une salle d'asile.

Dépenses de l'instruction primaire en 1862 :

Garçons. { 1 fr. 50 par mois pour les non-abonnés.
{ 7 fr. 70 par an pour les abonnés.

Filles. { 1re classe, 0 fr. 60 par mois.
{ 2e classe, 0 fr. 50 par mois.

L'un des frères ayant été trouvé pendu au grenier de l'Hôtel-de-Ville, le Conseil demanda bientôt que les frères fussent remplacés par des laïques. Après une interruption de quelques mois, M. Durembach, ancien frère de l'ordre des Marianistes, était relevé de ses engagements religieux, et reprenait, comme laïque, la direction des classes. Traitement : 1,200 fr.

C'est vers la même époque (1863) que date la création de la Bibliothèque scolaire. Une somme de 200 fr. y fut consacrée au début.

A maintes reprises, l'instituteur recevait des gratifications variant de 100 à 200 fr., soit à propos des cours d'adultes, de la tenue de son école ou de la bibliothèque.

En 1881, établissement de l'école des garçons sous les halles de l'Hôtel-de-Ville.

Dès 1882, la commune faisait annuellement à l'instituteur un supplément communal de 600 fr., qui fut supprimé en 1890.

La loi de 1882 sur l'organisation de l'enseignement institua des commissions scolaires, chargées de surveiller la fréquentation régulière des élèves à l'école.

A Châtel, elle fut ainsi composée :

MM. VUILLEMIN, supérieur du séminaire.

DE LA TOUR, rentier ;

PETIT, médecin ;

RAGUEL, ancien juge de paix.

11 septembre 1888. — D'après la loi de 1886, le maire fut informé par l'Inspecteur d'Académie que Mme Thiébaut, sœur Ursule, institutrice communale, ayant atteint la limite d'âge, serait remplacée par une laïque pour la rentrée.

Le Conseil prit une délibération demandant son maintien, ou son remplacement par une congréganiste.

Une laïque fut nommée, mais dut loger en ville, les appartements occupés par sœur Ursule lui ayant été maintenus par la majorité du Conseil.

Commission scolaire de 1888 : RAGUEL, VINOT, KELLERMANN.

Cette commission n'a pas fonctionné.

Délégation cantonale. — Les délégués cantonaux sont des amis de l'instruction désignés par le Conseil départemental pour aider instituteurs et institutrices dans l'accomplissement de leur difficile mission.

La délégation cantonale de Châtel, sous l'intelligente impulsion de M. Lederlin, maire de Thaon, son président, est devenue un modèle de délégation.

Plusieurs fois par an, les membres se réunissent pour s'occuper des intérêts des écoles, dresser des statistiques scolaires, etc.

Les jours du certificat d'études, ces délégués assistent régulièrement aux épreuves des examens et prennent part au banquet commun, qui a lieu à Châtel, entre les membres de l'enseignement du canton. Cette réunion de famille est présidée par l'Inspecteur primaire et quelquefois par l'Inspecteur d'Académie. Des discours y ont été prononcés chaque année par le Président, MM. Lederlin, Vallon, Banneraut, Laurent, etc.

Membres de la délégation cantonale de Châtel 1892.

MM. LEDERLIN, président, ingénieur civil, maire de Thaon ;

BANNERAUT, secrétaire, conseiller d'arrond[t], maire de Moriville.

VALLON, conseiller général, ancien maire de Châtel ;

MM. LAURENT, maire, à Haillainville ;

ANTOINE, ex-maire, à Rehaincourt ;

DAVID, percepteur, à Châtel ;

MONGEL, maire, à Igney ;

DIETERLIN, directeur d'usine, à Thaon.

MM. Vallon et Antoine, nommés ci-dessus, sont en outre préposés pour la surveillance de l'enseignement agricole dans le canton.

Statistique établissant les résultats obtenus aux examens du certificat d'études, pendant 10 années consécutives, dans le canton de Châtel :

NOMS DES COMMUNES	POPULATION DE LA COMMUNE en 1891	ÉLÈVES REÇUS EN										TOTAL EN 10 ANS	POPULATION SCOLAIRE en 1891	MOYENNE p. 100 par population scolaire
		1882	1883	1884	1885	1886	1887	1888	1889	1890	1891			
Badménil-aux-Bois	318	3	2	3	3	3	3	1	1	1	4	24	35	6.8
Bayecourt	274	2	4	2	2	6	5	3	6	1	1	30	38	7.9
Châtel	1257	9	9	1	2	10	3	8	9	6	6	63	68	9.1
Chavelot	604	2	2	3	1	7	2	»	4	8	4	33	59	5.6
Damas-aux-Bois	748	2	2	1	»	3	2	3	2	2	3	20	49	4.10
Domèvre-s-Durbion	447	3	3	»	1	2	1	4	»	3	»	17	35	4.90
Frizon	625	»	3	2	2	3	3	2	2	2	1	20	35	5.7
Gigney	187	»	»	»	»	1	1	»	2	»	5	9	21	4.3
Girmont	471	»	2	»	»	3	3	»	3	4	2	17	41	4.1
Hadigny	380	»	4	1	1	2	»	»	5	1	1	16	31	5.1
Haillainville	444	2	2	»	»	2	2	4	4	1	5	26	43	6
Igney	491	2	3	2	2	2	2	2	3	»	3	20	36	5.5
Mazelay	466	3	7	»	»	5	1	4	5	1	2	29	37	7.8
Moriville	798	1	3	4	4	»	1	2	1	6	2	21	56	3.8
Nomexy	939	2	3	1	1	1	6	7	4	3	3	32	70	5
Oncourt	152	3	»	3	3	2	1	1	3	»	»	13	27	4.8
Pallegney	238	»	1	»	»	1	»	1	»	1	2	6	46	1.4
Rehaincourt	502	1	2	3	3	»	3	4	2	3	4	24	42	5.7
Serœur	250	»	2	»	1	»	»	»	»	2	»	5	27	1.9
Thaon	3153	22	11	9	17	17	19	25	23	24	24	191	300	6.3
Vaxoncourt	439	1	2	»	»	»	4	2	4	2	1	14	42	3.4
Villoncourt	158	»	1	1	1	2	1	2	»	»	2	10	27	4
Zincourt	125	»	2	»	2	»	1	1	1	»	»	5	11	4.5

Nous ne pouvons clore ce chapitre sans mentionner le don annuel de 100 francs fait par M. Henry Boucher, député, pour récompenser les premiers garçons admis au certificat d'études dans le canton. Les filles reçoivent en outre dés en argent ou autres objets servant à la couture.

M. Lederlin, de Thaon, encourage également les élèves en distribuant des sommes importantes.

Petit Séminaire de Châtel. — Cet établissement, très vaste et des plus sains, occupe l'emplacement de l'ancien château et du couvent des Capucins.

Fondé en 1828, il avait :

En 1868	82 élèves internes	
1870	82	—
1872	72	—
1887	101	—
1892	100	—

TRAVAUX PUBLICS

Connaissez-vous Châtel ?

Lorsqu'en sortant de la gare, vous avez suivi l'avenue, bordée de grands marronniers et châtaigniers, qui aboutit à la ville ; lorsque vous avez passé sur les ponts du canal de l'Est, du ruisseau de Nomexy, le pont Rouge, tous garnis de grillages ; lorsque, arrivé sur celui de la Moselle, vous avez laissé à votre gauche les promenades publiques, sur votre droite les jardins avec avenue, vous croyez rencontrer une petite ville coquette et bien moderne.

Vous n'y êtes point. A peine quittez-vous le beau quai longeant la rive droite de la Moselle que vous apercevez devant vous une rue étroite, tortueuse et grimpante : c'est la grande rue, la rue de l'Hôtel-de-Ville. Ses maisons mal alignées, étagées les unes sur les autres, un peu noirâtres, avec des ouvertures qui rappellent les XVIᵉ et XVIIᵉ siècles, ses places exiguës : tout en elle trahit l'ancienne place forte écrasée entre ses murailles.

N'allez pas croire cependant que c'est une ville désagréable. Point du tout.. Elle a un cachet particulier de ville ancienne, pas commun, et qui, je vous assure, ne déplaît aucunement.

Bien des changements néanmoins se sont opérés dans la ville· Beaucoup de maisons ont été démolies, les rues élargies et pavées, des édifices modernes ont été bâtis et la ville dotée de fontaines Les écoles seules en sont privées.

Nous allons examiner à quelles époques se sont produites ces transformations successives.

La Digue. — *Le Grand-Pont.* — Il y a quelque cent ans (an III), le pont de la Moselle, alors construit en bois, fut enlevé en partie par les glaces. On le reconstruisit, et il eut comme dimensions 90 pieds de long sur 18 de large.

Le travail fut adjugé à Antoine Cordier, moyennant la somme de 43,000 livres.

A maintes reprises, ce pont subit encore des dégradations. Ainsi, en 1818, on trouve : « pilots pour le brise-glace : 300 fr. »

En 1864, le Conseil dut voter une somme de 9,000 fr. pour la construction d'une ligne de défense en amont du pont.

C'est en 1867 que l'on parla d'une construction en pierre. Le devis fut estimé à 128,000 fr. Les 3/5 de cette somme, soit 76,800 fr., devaient être payés par la commune, et le reste par le département.

Le 24 août, sous une pierre de la culée, près de la ville, on plaça une tablette en plomb sur laquelle sont inscrits les noms de M. le Préfet des Vosges, du Maire, de l'adjoint et du Conseil municipal. Sous cette tablette on a mis une pièce de 20 fr. et une de 1 fr. au millésime de 1867.

En 1869, la digue des pâtis communaux subit des avaries par suite d'une crue des eaux ; elle exigea des réparations pour 7,500 fr.

La même année, construction d'un quai de 280 mètres sur la rive droite de la Moselle. Marchal, agent-voyer, chargé d'en faire l'estimation, présente un devis de 53,483 fr. 31.

En 1876, le Conseil vota 10,000 fr., dont 3/5 à la charge de Châtel et 2/5 au compte de Nomexy, à l'effet de réparer les brèches faites par l'inondation au barrage des pâtis de Châtel et de Nomexy

Pavage des rues. — Les rues de la ville étaient pavées depuis longtemps déjà; mais, à plusieurs reprises, il fallut y faire des réparations.

1818. Vote de 600 fr. pour pavage des rues sur une longueur de 300 mètres et une largeur de 2 mètres.

1869-1874-1876, nouvelles sommes de 10,200 fr., 6,000 fr. et 3,000 fr. dans le même but.

Établissement des fontaines. — C'est en 1839 que le Conseil accepte, en principe, le projet d'établissement d'un nombre suffisant de fontaines pour fournir l'eau aux différents quartiers de la ville, qui en sont dépourvus. Ce système devait coûter 40,000 fr

En 1844, une somme de 800 fr. fut votée pour faire les fouilles. Reconnue insuffisante, on y ajouta 6C0 fr. en 1844 pour sonder de nouveau le sol, d'après les indications du célèbre abbé Paramelle, « qui passait et ne repassait pas ».

1855. Vote de 300 fr. pour tuyaux aux rues du Moulin et du Saulcy.

1856. Etablissement d'une fontaine dans le bas de la ville : 1,000 fr.

1865. 15,000 fr. sont votés pour la revision des tuyaux et l'établissement d'un réservoir.

Les sources ont été trouvées à 80 mètres au-dessous de la chambre dite les « Cinq épées ». La dépense a été évaluée à 25,000 fr.

1866. Construction de deux aqueducs, l'une dans la rue Haute, l'autre le long de la côte, pour déverser le trop-plein du réservoir.

La dépense occasionnée se monta à 2,983 fr. 17.

1879. Vote de 1,000 fr. pour entretien des fontaines.

Constructions. — 1857. Payement de 2,600 fr pour érection d'un lavoir public à la Seyne (promenade de Châtel).

De 1859 à 1861, la commune dépense 2,900 fr. pour établissement des trottoirs de Châtel à la gare.

Caserne de gendarmerie. — Cet hôtel, un des plus sains et des plus spacieux dans ce genre, a coûté 54,000 fr. à la commune. Situé hors de la ville, il aurait pu être aussi bien sur le chemin de la gare, à mon avis.

Station des haras. — C'est en 1877 que fut faite, moyennant 600 fr., l'acquisition de l'immeuble du sieur Débuisson (autrefois moulin à écorce), pour y établir la station des haras.

Port du canal. — 1879. Sur la demande de l'administration des ponts et chaussées, 6,000 fr. furent consacrés à l'établissement d'un port sur le canal de l'Est, à Châtel.

Elargissement des rues. — 1860. On démolit la maison Ducret, qui obstruait la rue du Moulin.

1862. Démolition des maisons Colin, Bougel et Boulay, situées derrière l'église, et nivellement des deux rues.

1874. Les maisons Grandcolas et veuve Govillot sont rasées.

1878. La maison Viac, à l'entrée de la ville, est démolie.

1891. Disparition des maisons Parisot au débouché de la rue du Séminaire.

Plusieurs vieilles maisons obstruent encore certaines rues : mais elles doivent disparaître dans un avenir plus ou moins éloigné. La ville y gagnera en salubrité et en coquetterie.

FORÊTS

Contenance de la forêt communale de Châtel . . .	439ʰ 76ᵃ
Revenu annuel moyen	22,798ᶠ »
Valeur de la coupe affouagère moyenne	18,397 »
Valeur de la coupe vendue	4,158 »
Valeur des produits accidentels.	390 »
Dépense annuelle pour entretien de la forêt. . . .	835 »
Traitement des gardes.	591 »

En 1809 on exploita dans la forêt de Châtel une coupe qui donna comme quantité 488 cordes de bois de 3 stères l'une et 8,750 fagots, qui devaient être partagés entre 316 affouagistes moyennant une redevance de 8 fr. 40 pour chacun. Le bois était estimé 3 fr. le stère.

Quart en réserve. — La forêt du quart en réserve, l'une des plus importantes, et qui faisait autrefois partie des bois domaniaux de Fraize, a fourni à la ville l'occasion d'un long procès avec l'Etat.

Les droits de la commune sur cette forêt sont anciens : ils lui ont été concédés par lettres patentes du duc de Lorraine René II.

En 1839 l'Etat revendiquant des droits, intenta un procès à la ville de Châtel. Cette dernière obtint gain de cause en la cour royale de Nancy ; mais le domaine ne se tint pas pour battu : il interjeta appel à la Chambre des requêtes de la Cour de cassation.

Le Conseil décida que deux de ses membres accompagneraient l'avocat à Paris aux frais de la commune.

En **1842,** par décision de la cour de cassation en date du **23** novembre **1841,** le procès fut renvoyé devant la cour de Metz

M. Gérard, maire de Châtel, se rendit en cette ville pour choisir les défenseurs et conférer avec eux. — Voirhaye, avocat, reçut comme honoraires pour ses plaidoiries, une somme de 800 fr.

1845. Dispositif de l'arrêt de la Cour de cassation qui cassait celui du 21 mars 1843, rendu par la cour de Metz, au profit de la commune, dans ses affaires contre le domaine de l'Etat.

Ce dispositif renvoyait les parties devant la cour de Colmar.

Cette dernière condamna la commune aux dépens de l'instance liquidée, soit une somme de 325 fr. 45.

1849. Par délibération, le Conseil décida qu'il y avait lieu d'appeler en cassation contre l'arrêt de Colmar en **1847** et aussi contre celui de la cour de Metz en **1843,** se fondant sur la similitude de **situation** entre la commune de Châtel et celle d'Etival, laquelle, après **condamnations** successives, avait obtenu gain de cause.

Enfin en 1853 la Cour de cassation confirmait les arrêts **rendus** par les cours de Metz et de Colmar. La commune devenait **usufruitière** de la forêt de Fraize ; mais l'Etat se réservait de percevoir le tiers denier dans le produit des ventes de bois qui ont eu lieu dans cette forêt, depuis le 16 décembre 1830 jusqu'au 17 juillet 1849.

Ce tiers denier se montait à la somme de 1603 fr. 36 que la commune versa à la caisse du receveur des domaines de Châtel.

En 1860, le Conseil accepta le projet de cantonnement de la forêt de Fraize, tel que l'avait préparé l'inspecteur des forêts. Ce projet enlevait à la ville une portion du quart en réserve qui fut racheté, près de l'Etat, sous la réserve que l'administration faciliterait à la commune, par des exploitations annuelles, le moyen d'éteindre cette dette. La ville dut verser 150,000 fr dans les caisses du domaine.

Elle payait en outre les frais de contributions et de mainmorte. Cependant d'après la loi du 19 ventôse an IX, ces frais auraient dû être défalqués, puisque la forêt de Fraize appartient à l'Etat et que la ville de Châtel en est seulement usufruitière. On n'aurait donc dû laisser en ligne de compte que les frais de garderie, attribués uniquement à la commune, par lettres patentes du duc de Lorraine des années 1569 et 1570.

C'est seulement en 1863 que le Conseil fit la demande en décharge des frais de contributions et de mainmorte.

Règlement relatif aux affouages.— Les habitants sortis au 1ᵉʳ jauvier n'ont pas droit à l'affouage délivré dans l'année courante.

Tous fonctionnaires présents à la *clôture* de la liste ont droit à l'affouage, à l'exclusion de ceux qu'ils remplacent.

IMPOTS — FINANCES

Le recouvrement de l'impôt, pendant la Révolution, était adjugé à des traitants pour une somme déterminée. Ces fermiers, qui remplissaient les fonctions de receveurs municipaux, cherchaient à retirer de la contribution foncière le plus grand profit possible au détriment du contribuable.

« L'an III de la République, la municipalité de Châtel nomme, pour procéder à l'assiette de la contribution foncière de cette commune, Dieudonné Galland et Georges Bricquel, tous deux domiciliés en cette ville ».

2 nivôse an IV.— Le citoyen Galland, receveur de l'administration municipale de Châtel, se soumet à percevoir les impôts fonciers pour les biens communaux qui ont été partagés, se chargeant d'en remettre le montant au percepteur de la contribution foncière de ladite commune, sans autre garantie de ladite levée que d'en rendre eompte à l'administration.

18 frimaire an V. — Mise en adjudication, pour chaque commune du canton, de la perception des contributions.

Adjudicataire de la commune de Châtel : Renaudin, pour les deux contributions, au prix de *un sol* (0 fr. 049) par livre (0 fr. 98) pour la contribution foncière (ce qui faisait un impôt de $\frac{1}{20}$) ; et 3 deniers (1) pour la contribution personnelle et *somptuaire* (sur le luxe et la dépense).

Adjudicataire de la commune de Frizon : Jean Jacquemin, aubergiste audit lieu, moyennant 9 deniers et 3 deniers.

A Nomexy, la perception fut adjugée au citoyen Thomas Bougel, maçon en cette localité, au prix de 7 deniers par livre pour la première contribution et 3 pour la seconde.

Pallegney. — Adjudicataire : Georges Remy, cultivateur en cette commune, pour 5 et 3 deniers.

---

(1) Il fallait 3 deniers pour un sou.

Zincourt. — Adjudicataire : Jean-Baptiste Houot, cultivateur, au prix de 1 sol par livre pour les deux contributions.

Chaque adjudicataire dut fournir une caution.

Plus tard, Châtel eut son percepteur : il s'appelait Dumont en 1815.

Voici quelques états des comptes trouvés dans les registres de la mairie :

1815	Recettes	10,681f 13
	Dépenses	10,673 60
	Excédant de dépenses	7 53
1824	Recettes	8,624 53
	Dépenses	7,821 92
	Excédant de recettes	802 61
1837	Recettes	27,743 57
	Dépenses	20,303 87
	Excédant de recettes	7,439 70
1847	Recettes	14,326 65
	Dépenses	23,255 86
	Excédant de dépenses	8,929 21
1886	Recettes	32,851 91
	Dépenses	30,726 74
	Excédent de recettes	2,125 17

1855. Etablissement d'une taxe sur les chiens :

Chiens de chasse . . . . . 5 fr.

Chiens de garde . . . . . . 3 fr.

1863. Emprunt de 60,000 fr. pour solder les frais d'acte et de premier jugement relatif au procès du quart en réserve. Les habitants de la ville firent une avance de 30,000 fr. avec intérêt à 5 0/0 remboursables en 3 ans.

État des sommes prêtées à la ville par suite des emprunts contractés et autorisés.

MM.		MM.	
Gerbaut.	5,000f	Gérard	200
Robin	3,000	Thomas, Félix . . .	200
Thomas	2,000	Masson, C.	100
Petit	200	De la Tour	1,300
Masson, Florence . .	200	Bombard	500

MM.		MM.	
Anonyme	1,000	Hugo Victor	600
Bedon	200	Gérard, Alcide	500
Dumont	300	Masson, Constant	1,200
Gley	200	Masson, Florent	2,200
De la Tour	300	Pernot	215
Thévenot	500	De la Tour	1,000
Bombard	3,000	Bombard	300
Masson, C	100	Marie Lemaix	500
Masson, Florent	1,500	Bédon	2,000
Thomas	2,500	Henry Thomas	500
Henry Thomas	500	Coupois, Joseph	1,000
Hospice	2,000	Gerbaut	100
Viac	1,000	Parisot	200
Ducret	600	Masson, Florent	600
De Finance	2,085	Durain	100
Petit	500	Monsey	100
Monsey	1,200	Courteaux	100
De Finance	500	De la Tour	500
Martin	500	Masson, Constant	2,000
Dumont	500	Henry, Théodote	1,000
Henry Thomas	500		

En 1872, le Conseil fit la demande d'une création de recette municipale.

L'occupation allemande coûta cher à la ville. On fut obligé de contracter un emprunt de 40,000 fr. Toutes les communes du canton durent contribuer aux dépenses faites par le chef-lieu où se tenait la garnison.

Voici un état des sommes remboursées à Châtel :

Bayecourt	174ᶠ 81
Chavelot	174 92
Damas-aux-Bois	724 23
Domèvre	145 10
Gigney	62 50
Girmont	127 57
Pallegney	205 77
A reporter	1,614 90

Report.	1,614 90
Rehaincourt.	172 26
Sercœur.	139 77
Villonconrt.	88 13
Nomexy.	687 93
Total.	2,702 99

L'emprunt de 40,000 fr. s'était effectué au taux 5 0/0. Mais vu la difficulté du remboursement, le Conseil fit une demande et obtint la conversion du 5 0/0 en 4 0/0.

Pour se tirer d'affaire en 1880, on demanda une somme de 40,000 fr. au Crédit Foncier, remboursable dans une période de 50 ans.

Une première annuité de 1,000 fr. fut versée cette même année.

1892 Contributions foncières, non bâties			2,109ᶠ »»
id.	id.	bâties	1,278 »»
id.	personnelles mobilières. . . .		1,461 »»
id.	portes et fenêtres.		1,036 »»
Patentes			943 92

Total des contributions directes, y compris les centimes additionnels 12,136 22

AGRICULTURE

Il existait encore à Châtel, sous la Révolution, des Magasins généraux pour y concentrer le blé, et en particulier le sel, nécessaire à la consommation annuelle des habitants du canton, ainsi qu'il en a été parlé précédemment.

A différentes époques, il y eut disette de grains.

En 1817, le blé se vendit . . . 120 fr. le resal.
— l'avoine — . . . 70 fr. —
— le seigle — . . . 90 fr. —

Le pain se payait 15 sous la livre, l'eau-de-vie 6 fr. le pot de 2 litres environ.

L'année suivante, il y eut abondance de blé ; on le paya 12 fr. le resal.

En général, le bétail n'était pas cher, la viande de boucherie se vendait à des prix modérés. Il y avait trois bouchers à Châtel en 1808, alors que nous en trouvons deux aujourd'hui. Le maire prit un arrêté les invitant à ne tuer aucune bête qui n'eût été vue et examinée par le visiteur. Il se réservait de taxer la viande après consultation du Préfet. Le plus ancien des bouchers la vendait indistinctement 8 sols la livre, et les deux autres 4 ou 5 sols.

M. Jacoby, tonnelier, distilla des pommes de terre à Châtel en 1817, et en fit de l'eau-de-vie (schnaps). D'origine allemande, c'est, dit-on, lui le premier qui introduisit en France cette industrie.

1811 — L'année de la Comète ! on fit de bon vin à Châtel ; mais jusqu'en 1818 les vendanges furent presque nulles : les vignes avaient été gelées. Le vin se vendait 15 sous 1/2 le litre.

Comme années de bon vin, citons encore : 1819, 1822, 1827, 1834, 1835, 1846, 1865, 1884.

Depuis, la vigne est malade, les pieds auraient besoin d'être renouvelés ; l'entretien coûte fort cher et l'on ne récolte plus.

Les houblonnières de Châtel, autrefois prospères, sont disparues peu à peu depuis la guerre de 1870.

Les journées d'ouvriers de tous métiers étaient taxées.

En exécution de la loi du 29 septembre 1793, voici un aperçu de la taxe de quelques journées d'ouvriers, à Châtel :

ESPÈCES D'OUVRIERS	DU 21 MARS AU 1er SEPTEMBRE	DU 1er SEPTEMBRE AU 21 MARS
Maître charpentier	2 liv. 5 sous.	1 fr. 10 s.
Maçons.	2 liv. 5 s.	1 fr. 10 s.
Tailleur de pierre (à la pièce). .	4 sous 9 deniers	le pied d'arrêtes
Manouvriers	1 liv. 7 s.	1 fr.
Batteurs en grange, nourris .	10 sous.	
id. sans nourriture.	1 liv. 4 s.	
Bûcherons	1 liv. 7 s.	1 livre.
Tonneliers	1 liv. 16 s.	1 liv. 4 s.
Laveuses de lessives, non nourries	1 liv. 2 s.	
id. nourries . .	9 s. 3 den.	

ESPÈCES D'OUVRIERS	DU 21 MARS AU 1er SEPTEMBRE	DU 1er SEPTEMBRE AU 21 MARS
Tailleurs d'hab. p. hom. (nourris)	15 sous.	
id.　　femmes . . .	13 s. 6. den.	
Couturières nourries	9 s 3 den.	
id. à la pièce (chemises d'hom.)	9 sous.	
id. garnir le tout sans fournit.	18 sous.	
Tricoteuses de bas à leur pièce :		
Bas gros p. homme, fil ou coton.	2 livres.	
id.　　femme,　　id.	1 liv. 2 sous.	
Garçon cordonnier	1 liv. 2 sous.	
Façon d'une paire de souliers. .	16 sous.	
Garç. laboureurs de 1re cl. p. année	126 livres.	
Fille en condition p une année.	60 livres.	
Les jardiniers à la journée. . .	1 liv. 10 sous.	
Femmes employées à la vigne .	18 sous.	
Tailleurs de vigne	1 liv. 16 sous.	
Cultivateurs.		
Pour donner 3 cultures à 1 jour de terre, l'emblaver et le herser.	10 liv. 10 sous.	
Labourer 1 jour, l'ensemencer en orge, avoine, herser	4 livres.	
Simple labour à 1 jour. . . .	3 livres.	
Conduite d'une corde de bois, par lieue de poste	3 livres.	
Conduite d'un cent de fagots, par lieue de poste	3 livres.	
1 faucheur par fauchée de pré .	1 liv. 7 sous.	
1 faneuse sans nourriture . . .	1 livre.	
id. nourrie	9 sous 6 den.	
Faucillage d'un jour de blé, orge, seigle, méteil	2 liv. 10 sous.	
Faucillage d'un jour d'avoine .	1 livre.	

Je laisse à mes lecteurs le soin de comparer le prix des journées d'autrefois à celui d'aujourd'hui, dans les usines et ailleurs.

INDUSTRIE

Il existe des usines importantes à proximité de Châtel : filatures, tissage, vinaigrerie, boissellerie, scierie mécanique, tuilerie, etc. ; toutes sont situées sur le territoire de Nomexy.

Moulins. — Du camp de Boulogne, 13 fructidor, an XIII, Napoléon, empereur des Français et roi d'Italie, autorisait Charles Martel à conserver la prise d'eau qu'il avait faite dans le lit de la Moselle pour le jeu de ses Moulins. Il avait déjà les eaux du Durbion canalisé. — Ces moulins, aujourd'hui à M. Lutz, sont inactifs et conviendraient pour divers genres d'industrie.

Broderie. — Cette industrie fut introduite dans la région vers 1828 par Mme Chancerelle, qui avait une école de broderie dans son château de La Lomont, écart de Vincey. Le cours fut subventionné par l'Etat pendant 15 ou 20 ans, jusque vers 1845.

D'habiles ouvrières se formèrent sous une intelligente direction.

Mme Vaxelaire et d'autres, à Châtel ainsi qu'à Nomexy, occupèrent bientôt un certain nombre d'ouvrières du pays, puis des communes voisines.

M. Didon ayant épousé Mlle Vaxelaire, prit la direction de la broderie et de la lingerie dès 1872.

Il occupe actuellement environ cent ouvrières à domicile dans la ville et autant dans les communes voisines.

Papier chimique et tampons. — L'industrie du papier et des tampons chimiques est représentée à Châtel par la maison Simonin.

Fils d'ouvrier agricole, M. Simonin, comme Chamagnon, débuta dans la vie (à 11 ans), en vendant complaintes, drames et chansons.

Après avoir parcouru l'Europe, s'occupant de dentelles et de broderies, il s'installa pendant deux ans à Moscou vers 1848. C'est là qu'il inventa son papier chimique justement apprécié des connaisseurs.

Il ne s'occupa plus dès lors que de cette dernière industrie. Il voyagea encore en Perse, en Algérie, en Tunisie, Malte, etc.

Ayant fait des affaires avec les principaux ministères de l'Europe et à l'étranger, il vint s'installer à Châtel en 1867, où une rue presque entière lui appartient, la rue Simonin.

Il s'occupe toujours de la fabrication et de la vente de ses produits.

Le commerce n'est pas bien important à Châtel.

On y trouve :

2 marchands de vin en gros.

3 hôtels-cafés.

9 cafés ou auberges.

4 épiciers.

1 marchand d'étoffes.

4 quincailliers.

3 pêcheurs de profession, vivant de leurs produits.

1 marchand de journaux.

2 horlogers.

2 serruriers.

4 cordonniers.

4 boulangers.

2 tailleurs d'habits.

2 bouchers.

3 perruquiers.

4 maçons.

2 charpentiers.

4 menuisiers.

4 tonneliers.

2 buralistes.

Châtel paraît être le rendez-vous des rentiers. Aussi en trouvons-nous 30 et 20 chasseurs.

Abattoir. — Châtel possédait son abattoir longtemps avant 1789. Il était situé, à cette époque, en dessous du séminaire, près de la grande fontaine. Il était placé sous la surveillance d'un inspecteur qui touchait un traitement fixe de 200 fr. pris sur les revenus de l'abattoir.

Le jardinier Morel Nicolas était inspecteur en 1838.

Il n'était pas d'obligation stricte pour les bouchers de tuer les animaux à l'abattoir ; mais en 1852 le Conseil délibérait : « Considérant qu'il est de l'intérêt public, tant pour la salubrité que pour les revenus de la commune de régulariser l'abatage des animaux destinés à l'alimentation publique, prend les résolutions suivantes :

Tous les animaux seront tués à l'abattoir.

Il est prélevé pour 1 bœuf. . . . . 0 fr. 60
—   1 vache. . . . . . . 0 fr. 50
—   1 veau . . . . 0 fr. 25

En juin 1857, le tarif subit quelques modifications.
On prélevait :

Pour 1 bœuf (1). . . . . . 1 fr.
Vache et genisse. . . . . 1 fr.
Veau . . . . 0 fr. 20.
Mouton . . . . 0 fr. 20.
Porc . . . . 0 fr. 20.

Une partie de ces droits servait à payer l'agent surveillant.

En 1884, l'abattoir fut transféré au Saulcy, dans un établissement communal affecté en partie à la section des haras.

L'agent sanitaire est un vétérinaire, M. A. Vallon.

Hospice. — L'hospice de Châtel fut fondé en 1860 par M. le baron de la Guéronnière, préfet des Vosges, M. Châtelain, chanoine, et Mlle Micard, rentière à Châtel.

A ses débuts, il n'était qu'une maison de secours, mais en 1861, le Conseil municipal fit une demande pour le transformer en hospice, s'engageant à voter annuellement une somme de 300 fr. pour l'entretien de l'une des trois sœurs, les deux autres étant payées par le produit des donations.

Cette transformation ayant eu lieu la même année, la dépense s'éleva à 1,400 fr. dont 800 pour entretien de lits et 600 pour les sœurs.

Depuis, l'hospice s'est agrandi. A maintes reprises il a reçu des subventions et des donations qui ont contribué à le consolider.

En 1863, une somme de 1,915 fr. est consacrée à la construction d'un petit bâtiment ; 800 fr. provenant des amendes de police criminelle sont en outre accordés par le Préfet pour effectuer quelques travaux.

1864. Vote de 2,336 fr. pour constructions.

L'hospice devenant insuffisant, la commune acheta en 1873 la maison Viac au prix de 2,700 fr.

---

(1) Notons en passant qu'autrefois, comme aujourd'hui, les bouchers de Châtel ont délaissé le bœuf pour abattre la vache.

MM. Pfeiffer et Vallon furent nommés membres de l'administration de l'hospice et du bureau de bienfaisance en 1879.

1888. Mlle Petit fait une fondation à l'hospice de Châtel pour l'entretien d'une sœur appartenant à la maison Saint-Charles, de Nancy.

Actuellement le personnel se compose de quatre religieuses de Saint-Charles, de Nancy, dont deux visitent les malades à domicile. Elles ont un traitement.

Il n'y a ni aumônier, ni chapelle, ni pharmacie.

Le nombre des lits est de 17.

Pendant les années 1885-86-87, l'ensemble du mouvement présente les chiffres suivants :

Vieillards au 1er janvier	. . . . . .	47
—	entrés dans l'année . . .	21
—	sortis.	17
—	morts	8
—	restant au 31 décembre . .	43

La mortalité a été de 2 p. 100 sur les malades et 7 p. 100 sur les vieillards.

POSTES ET TÉLÉGRAPHES

Il n'existait point de bureau de poste en cette commune avant 1842. Il était à Nomexy.

Un courrier transportait les dépêches de Nancy à Epinal avec relai à Charmes. De cette dernière ville, une voiture à une seule place était conduite par le petit courrier Miston, à Nomexy.

De cette localité un facteur apportait les dépêches à Châtel.

La distribution des lettres était mise en adjudication. En l'an 2, elle fut adjugée à Nicolas Colas, qui recevait 2 sous par lettre, du destinataire, mais il distribuait les bulletins gratis.

Le nombre des distributions était de trois par semaine.

En 1841, le Conseil municipal de Châtel demanda un bureau de poste qu'il obtint en 1842.

M. Charles Ninot fut nommé receveur. Il occupa ce poste jusqu'en 1872. Son fils, Paul Ninot, qui le remplaça, occupe encore les mêmes fonctions aujourd'hui.

Quelques années plus tard, en 1846, on commença le tracé du

chemin de fer de Nancy à Gray. La part contributive de Châtel s'éleva à 300 fr.

Le commerce de la ville ayant pris une certaine extension, le Conseil demanda un télégraphe privé pour la gare en 1865. Il fut transféré à Châtel en 1874.

Cette même année une somme de 1,500 fr. fut votée pour l'installation d'un bureau télégraphique. La ville dut, en outre, rembourser à la commune de Thaon les 2/5 de la dépense du fil qui devenait commun.

Une somme annuelle de 80 fr. fut allouée à la personne chargée du port des dépêches.

Recettes du bureau de poste de Châtel en { 1844. . 6,450 fr. / 1891. . 138,703

Dépenses du bureau de poste de Châtel en { 1844. . 5,500 / 1891. . 133.384

US ET COUTUMES

Nous ne dirons que quelques mots des anciennes coutumes de Châtel.

Lorsque les vendanges étaient terminées (on faisait du bon vin alors) hommes, femmes et enfants se réunissaient sur les places publiques et faisaient des « rondios ».

Tous, jeunes et vieux dansaient, chantaient. C'étaient d'anciens refrains, tels que : *Derrière chez mon père qu'il fait bon*, etc..., ou *Sur le pont d'Avignon*, etc.

Le jour de la saint Vincent (patron des vignerons) on se rendait à l'église pour assister à une messe solennelle où les hommes allaient à l'offrande, une serpette suspendue à la jambe. On ne connaissait pas le sécateur !

Une coutume, qui existe encore dans certains villages, c'est le *dônage*. On dônait dans la période du carnaval. Les jeunes gens, assemblés sur la grande place, formaient à Châtel, deux camps de chaque côté de la fontaine.

A haute voix tous disaient : « *Je dône un tel avec une telle.* » Chaque dônage était cimenté de coups de pistolet.

Cette coutume, quelque peu indiscrète, pouvait avoir des inconvénients.

Une habitude, aussi tombée en désuétude, est celle des symboles. Dans la nuit du 30 avril au 1er mai, les jeunes gens allaient chercher des branches d'arbres dans la forêt, puis ils revenaient les planter sur les toits des maisons habitées par les jeunes filles.

Hêtre signifiait : *Je vous aime.*
Charmille — *Je vous estime.*
Cerisier — *Conduite légère.*

SOCIÉTÉS DIVERSES

Il existe à Châtel :

1° Une compagnie de sapeurs-pompiers, dont l'origine remonte à plus d'un siècle.

L'effectif s'élevait autrefois à 60 hommes ; il est aujourd'hui de 27. Cette compagnie est depuis longtemps dirigée par l'honorable M. Charles Viac.

2° Une Société de prévoyance et de secours mutuels avait été établie par les soins persévérants de M. Mougel, propriétaire à Châtel.

Le 5 février 1859, le Conseil, par délibération, en reconnaissait l'utilité. Le 4 mars suivant, le Préfet des Vosges en approuvait les statuts.

Il y a actuellement 89 membres participants et

          30 — membres honoraires.

Les présidents ont été :

1° MM. Léopold MOUGEL, fondateur.
2° GÉRARD.
3° LEJEAU, juge de paix actuel de Châtel.
4° DIDON, maire actuel de Châtel.

3° Une fanfare désignée sous le nom d'*Union-Concorde*, formée d'éléments recrutés à Nomexy et à Châtel. Il y a environ 30 membres.

CHANSON DES HOMMES D'IGNEY

I

Messieurs, écoutez mai chanson,
Ç'ost lai véritè, j'en réponds,
Ç'ost enne drôle d'aventure
Et enne jolie morvôye,
Mâs po sovoi l'ollure
I faut protè l'orôye.

II

En revenant des vôyes (1) de Vohhoncot (2),
Nos messieurs ont fat in complot
En paissant po Chaîté (3),
L'ont ollè boire botôye
Chez lo sieur Mosson, dit-on,
Et di vin non porôye.

III

Is n'lo vondot que vingt-deux sous
Chéquin enne botôye célai ne fat qu'onze sous ;
Mâs celai n'empêche,
Je n'ons ni pain ni pâte ;
Mas si je velos maingié,
Ost—ce que je n'ons mi de lai tâte ? (4).

IV

Colas gros de Pogney, que n'ost m'dégotè,
Dit : « aivo vos je vieux nolè »,
« Je velos biè, ont-is dit,
Je rècheverons les vôyes ;
Je boirons pôdi biè
Chéquin note botôye.

---

(1) « de la fête ; (2 Vaxoncourt ; (3) Châtel ; (4) tarte de la fête.

V

En entrant chez lo sieur Mosson,
L'ont fàt tirié do vin de Mâcon ;
Françoise Marienne dit :
Que n'en folot qu'chéquin in vorre
Je serons aineutis,
I fàt déjai biè norre.

VI

Couanet ai velu sauté fieu :
Je ne sais poqué ; ma i se heuque,
En rentrant au pôle ;
I se moteusent tortus ai rire
Couanet, su l'euhe étot
Qué né sévot qué on dire.

VII

En sautant fieu de chez Mosson,
Il étins gais comme des pinsons ;
Mas les paures serviottes !
Qué trëïn qu'on li moine,
Et les paures tâtes de qu'mottes !
I n'en réchaipeut m'enne.

VIII

Depeus tot—lai i sont venus
Au bout des rouelles, conte in petit ru,
I se tenins po lo cô,
I chèïnt su zu dôs,
I se fieussent de bâlles jâquottes,
Eveussent de bâlles détrosses !

IX

Philippe Drouin, Minique Poirot,
Ai tos momots, n'étint pus drots ;
Ost—i donc possibe !
Que je ne seros mi les mâtes ?
Que j'demoirrons tot-ci
Dos lo pus gros d'lai mâte ?

X

Jacquot Moineau, Philippe Drouin,
Désos lo brais, drot-haut les chemins,
Jacquot, ont-is dit,
Ollot d'côté et d'aute,
Aivo un gros bôton
Que détrissot les autes.

XI

Ah ! mon Dieu donc, Minique Poirot,
Sé vos voyins lo pan de vote rochot ;
« Oh ! c'ost pô de chose de celai, dit-i,
Ce n'ost m'tortot celai que m'ébaube,
J'â pédiu in solè
Et je ne sais où'st qu'ost l'aute.

XII

In pô pus long ce feut biè pèye
Au bout des chènevères de Nomehhèye (1),
Françoise Marienne dit,
En paissant sus les autes :
Qu'ost-ce qu'ai donc le Lorrain ?
J'cros qu'lai chié dos ses chausses !

XIII

Lo fés de Méline dit ô marchié
Qu'ost-ce que c'ost j'vois bolié devant mes pieds ?
Oh ! c'ost to père, dit Jacquot,
Que fat lai caine sauvaige,
Et Couanet qui ost co
Qué moine in bè tapaige.

XIV

Lo lendemain, quand i feut jo,
Is croïnt co ète ai Vahhoncot
Is feussent bien ébaubis
D'aïeu les bâlles inusiques
Qué zos fômmes lé chantint
Din ton bié magnifique.

____

(1) Nomexy.

XV.

Lo surlendemain, dro-haut Igney,
Sé vos évint vu les bâlles bôyes,
Les chausses et les rochots
Répandus su les haies,
Les cheipés qu'on brehot
Les fômmes bin éhernèes.

NOËL

I

Correz, bergers, correz tortus,
Voici vot'Sauveur qu'ost venu,
Layez donc vos brebis,
Vos chiefs et vos biquis,
Et mettez vos casquettes,
Po li fare lai courbette.

II

Baujolais l'veu lai tête en haut,
Di coté quilai voix paulot :
I feut bien ébaubi
De voi tot vis-ai-vis,
En côte l'étoile di pôlé,
In hômme qu'aivot des aules.

III

I n'ost m'possibe ! d'heut--i tot de suite
Qu'in ange veleuhe fâre visite,
Et des paures geots comme nos,
Qué n'y cnohhot rié di tot
Qué lai froohou dé lai brune
Et les quartiers d'lai lune.

IV

Boine geots, c'nost mi po les saivants
Que lo bon Dieu s'ai fat éfant
Mâs bié en vérité,
Po les geots comme vos autes,
Qu'ont d'lai boine volontè
Et que d'hont zus pâtenottes.

V

Is n'euhhent mie putôt ôyu ç'lai
Qui coururent biè vite se guettè,
Mas comm 'is vlaint pétié,
I s'deheussent en zos-mêmes :
Qu'ost-ce que j'vons offri,
A ptiot de Bett'léem ?

VI

Et les voil' tortus, que corront
Drot-haut les haies et les bouhhons,
Quoyié des chaupécus,
Des ponelles, des poirottes,
Po aimusé Jésus,
On bèye ai lai faihhotte.

VII

Quand l'en éveussent pien zus gossots,
Beaujolais d'heut tot haut : Petiot :
Et les voill' qu'en fiefftant,
I se mottent en route,
Caressant d'temps en temps
Une boine botôye de goutte.

VIII

Mas l'airéteussent biètot lo pais
Po ôyu enne âne qui gueulait,
Mas c'étot si doucemot !
D'ènne manière si tendre,
Qu'au cœur çai z'ollot drot,
Sans poyu s'en défendre.

IX

Bonheur ! mé d'heut Blaison,
Je sons errivés, j'en réponds,
Car si l'âne chante si bié
C'ost de Jésus lai présence
Qu'inspire ai so gosier
De si douces consonnances.

X

L'entront tortus zos lo hangar
Mâ com' i fiiaint do tintar
Joseph li d'heut : Doucemot !
Songé qué mo ptiot dreume !
Vot brut lo revoierot :
Car i n'ost m'do lé pieume.

XI

Alors ils défiot zus sabots,
Et s'en vont ballemot, s'mottent ai g'nox :
I zétaint si contents,
De voi lo Ro do monde,
Qui fiaient è chèque instant
Des courbatures profondes.

XII

Voyant que lo divin gohhnot
N'aivot m'seulement in mâ bounot,
Lo sensible Blaison
Dépose sai houlette
Et jusqu'ai lo menton,
Li bourreu sé casquette.

XIII

Ma Jésus pousse in cri pointu,
Voil' mon Blaison to morfondu,
I fayant dé gros œux
Tenot lai boiche devatte,
Et quand Marie airiveut
I s'prosterneu ai quatte.

XIV

« Boine fômme d'heut-i j'v'os demande pardon
« Si j'a boucané vot' poupon,
« Qué j'volos répahiè,
« Beyez—li des poirottes,
« L'en maingeré d'jai bié,
« Car elles sont tot mollottes. »

XV

Blaison se r'leveu tot contrit,
Et voil' Jésus qu'li sourit ;
I senteut sè ptiote main
Qu'aivo transport y baheu,
Lo caressant soudain,
En li toudiant lai bâbe.

XVI

I li promettai, po serment,
Dé li beyé, quand i s'ro grand,
Enne boine pé d'biqui,
Po li fâre enne cheumhotle,
Et d'lai laine de brebis
Po li fare des chaussottes.

XVII

Quand les boines geots veleuhhent partir,
Jésus s'leveu po les bénir ;
Ai zos bêtes i promit,
D'aibondantes paitures
Ai zos lo pairaidis
Comme ai zutt' géniture.

HOMMES MARQUANTS DÉCÉDÉS DE CHATEL

Tanant (Adrien), né le 10 janvier 1825, notaire à Charmes, de 1853 à 1868, juge de paix à Schirmeck de 1869 à 1870 ; au Thillot en 1871 il démissionnait en mai 1873.

Réintégré juge de paix à Compiègne, puis à Guise, il vint en 1878 remplir les mêmes fonctions à Epinal.

Elu conseiller général pour le canton de Châtel, le 8 octobre 1871, il échoua au renouvellement en 1874. Réélu le 1er août 1880, il se présenta en juin 1882 comme candidat républicain au Sénat, mais son concurrent, M. Kiener, l'emporta.

Membre de la Commission départementale de l'instruction publique, il était officier d'académie en 1879 et décoré de la légion d'honneur (1880).

Adrien Tanant est mort à Epinal le 10 février 1885.

Gerbaut (Victor–Ivan), né en 1840 à Châtel, sorti de l'école Saint-Cyr comme sous-lieutenant en 1865, lieutenant en 1869, nommé capitaine en 1870, il fut tué d'un éclat d'obus le 3 octobre, même année, au siège de Strasbourg.

Govillot (Victor), sergent clairon, tué à Villersexel d'une balle à la gorge.

Viac (Emile-Victor), blessé mortellement à Paris en combattant la commune en 1871. Reçut la croix de la légion d'honneur sur son lit de mort.

Vinot (Jean-Charles). Maire de Châtel pendant 25 ans. M. Vinot a rendu des services signalés à la mairie.

Il est mort en 1890, à l'âge de 82 ans.

MAIRES DE CHATEL DE 1789 A 1892

1789.	Mangin (Georges).
1791.	Gerbaut.
18 frimaire an 2..	Briquel.
21 germinal an 3.	Briquel.
1806.	Colin.
1811.	Gerbaut.

1812.	. . . .	PHILIPPE.
1813.	. . . .	TANANT.
1815.	. . . .	MARTEL.
1824.	. . . .	MARTEL.
1831.	. . . .	GÉRARD.
1838.	. . . .	GÉRARD.
1841.	. . . .	GÉRARD.
1843.	. . . .	GÉRARD.
1850.	. . . .	GERBAUT.
1853.	. . . .	C. MASSON.
1855.	. . . .	VINOT.
1880.	. . . .	LEJEAU.
1881.	. . . .	VALLON.
1884.	. . . .	VALLON.
1886.	. . . .	VALLON.
1888.	. . . .	DIDON.

CENTENAIRE

Harangue prononcée à l'Hôtel-de-Ville de Châtel le 2 mai 1889 par M. Decelle (500 auditeurs environ).

MESDAMES, MESSIEURS,

Je vous remercie de l'empressement que vous mettez à vous rendre à cette réunion.

Une voix plus autorisée que la mienne aurait dû être chargée de cet entretien : aussi je sollicite de vous tous une grande indulgence.

Je vais vous rappeler l'état social de la France et les grands événements qui se sont accomplis il y a un siècle, événements qui ont changé l'organisation de notre pays et ont amené l'émancipation du peuple.

Avant 1789, la nation française était divisée en trois ordres ou classes de citoyens :

La noblesse, 140.000 personnes ;

Le clergé, 130.000 prêtres ou moines ;

Le tiers-état, 25 millions d'hommes.

Le troisième ordre formait donc la grande majorité de la nation, puisqu'il en comprenait les 92 pour 100, et se divisait en bourgeoisie, vilains, roturiers et serfs.

Ces derniers, encore au nombre de un million 1/2 quand éclata la Grande Révolution, étaient les plus malheureux.

Les serfs, attachés à la terre, à la glèbe, comme on disait, ne pouvaient quitter le pays sans la permission du maître.

Si le seigneur vendait ses terres, les serfs se trouvaient compris dans la vente. C'était le résultat de ce qu'on appelait la *main-morte*, qui, disait un brave curé en 1789, « empêche les hommes de naître et les tue quand ils sont nés ».

Royauté. — Le pouvoir royal était alors absolu : le roi se considérant comme le maître de tous ses sujets, le propriétaire de leurs biens.

Louis XVI répondait au duc d'Orléans : « *C'est légal, parce que je le veux.* »

La force primait le droit, comme chez nos voisins...

Aussi un jurisconsulte anglais pouvait comparer comme pays despotiques : « la France et la Turquie ».

La Cour résidait à Versailles, dans un immense palais ayant coûté près d'un milliard, et dépensait follement, sans compter, en fêtes somptueuses et continuelles l'argent du peuple, qui seul payait les impôts

Les 15,000 personnes au service du roi et de ses proches coûtaient alors annuellement de 40 à 45 millions le 1/10 du revenu public...

Administration. — Les provinces n'étaient pas toutes soumises à la même administration, aux mêmes lois, au même régime d'impôts, chaque gouverneur en faisant un peu à sa tête.

Les Ministres aussi bien que les intendants des provinces n'ayant à répondre de leur gestion qu'au roi, le principe de l'administration était l'arbitraire, le bon plaisir. Toutes les libertés publiques étaient sans cesse violées.

Lettre de cachet. — Tout Français, sans être accusé, ni jugé, en vertu d'une lettre de cachet, pouvait être jeté à la Bastille ou dans quelque autre forteresse royale.

Sous Louis XV on distribua plus de 150,000 lettres de cachet, et, sous Louis XVI lui-même, plus de 14,000. Un innocent, Latude, fut enfermé à la Bastille sur l'ordre d'une favorite, Mme de Pompadour ; il y resta oublié pendant 35 ans.

Le secret des correspondances n'était pas respecté. Le *cabinet noir* où les lettres étaient ouvertes, subsista jusqu'en 1789.

On distinguait, à cette époque, les impôts royaux et les impôts féodaux.

1° La taille et les autres impôts directs pesaient uniquement sur le peuple : comme ils étaient établis tous les ans, sur la richesse présumée des individus, chacun faisait tout son possible pour paraître pauvre.

La gabelle, ou impôt sur le sel, était établi de telle sorte que le pauvre diable qui gagnait 6 sous par jour payait 130 sous par an pour son sel.

Quand le paysan avait rempli ses obligations envers le roi (*tailles, aides, corvées, gabelles*), il devait encore supporter les droits féodaux suivants :

1° *Le droit de banvin* l'empêchait de vendre ses denrées pendant un certain temps, pour que le seigneur pût écouler les siennes sans concurrence.

Par le *droit de banalité*, le seigneur pouvait forcer ses paysans à venir, moyennant redevance, au moulin, au four, au pressoir seigneurial, sans qu'ils pussent en posséder eux-mêmes.

La *corvée seigneuriale* prenait aux cultivateurs et manœuvres (il n'y avait pas de rentiers à cette époque chez le peuple), 52 journées de travail par an.

Le *droit de chasse*, exclusivement réservé au seigneur, exposait les récoltes des paysans, des manants, à être foulées par les gens, les chevaux et les chiens du seigneur.

Enfin le noble seul avait le *droit de tenir colombier*. Des milliers de pigeons venaient s'abattre et dévorer le grain sous les mains du semeur, et il était défendu d'y toucher, sous peine de mort.

Lorsque le *seigneur mariait* sa fille, des impôts supplémentaires étaient prélevés.

Le roturier, au contraire, mariait-il la sienne, que le baron s'arrogeait tous les droits. (Vous les connaissez !...)

On peut avoir une idée des charges qui écrasaient alors le peuple en se rappelant que les propriétés roturières, c'est-à-dire les seules qui supportassent l'impôt, formaient au plus le 1/4 du territoire français.

L'historien H. Taine nous dit que sur 100 fr. de revenu net **un**
propriétaire payait en impôts divers (royaux, féodaux et dîmes)   81ᶠ 71
restait au taillable 18 29

L'inégalité se retrouvait partout :

Il fallait être noble pour être officier, noble pour obtenir les dignités ecclésiastiques, noble pour exercer les fonctions supérieures de la
justice et de l'administration.

Justice. — Et quelle justice ? Les charges étaient la propriété
des juges ; ils les avaient achetées à prix d'argent et les transmet-
taient comme héritage à leur fils, comme dot à leur gendre.

Aussi la justice criminelle était rendue de telle façon qu'elle était
une des hontes de l'ancien régime.

Armée. — Sur 90 millions de solde accordés à l'armée, 46 étaient
perçus par les officiers et 44 seulement par les soldats.

Tous les grades appartenaient aux nobles vérifiés.

A la veille de la Révolution, Hoche, Augereau, Marceau, étaient
de simples sous-officiers et sans espoir d'avancement.

Et si ces trois glorieux français acquirent la notoriété que personne
ne leur discute aujourd'hui, c'est grâce à la liberté d'action que leur
concéda le nouveau régime.

Hoche, pour s'acheter des livres, brodait des gilets qu'il allait
vendre dans les cafés aux officiers.

Eglise. — Les dignités ecclésiastiques étaient réservées uniquement aux cadets des familles nobles.

Le haut clergé ainsi recruté justifiait la peinture qu'en a faite le
roi Louis XVIII dans ses *Mémoires :*

« Par son ambition et ses prodigalités, dit ce roi, il s'était attiré le
« mécontentement de la nation.

« Il désertait les temples et ne se montrait plus qu'à Versailles.

« Profitant de son influence, il exerçait une tyrannie insupportable
« sur le bas clergé, sur le peuple et se faisait craindre par son into-
« lérance. »

Dans les cures, il y avait presque toujours un curé titulaire grand
seigneur ecclésiastique, qui touchait les revenus et vivait à Versailles.

Un curé à portion congrue faisait tout le service moyennant quelques centaines de livres. Ce dernier, que plaignait Voltaire lui-

même, ne pouvant devenir abbé ou évêque, était aussi sous le joug des oppresseurs communs.

Agriculture. — Le paysan appauvri ne cultivait plus ses terres qu'à demi ; avec un outillage imparfait il pratiquait une agriculture qui rappelait celle du x⁰ siècle, n'élevait plus de bétail, ne fumait plus ses terres... ; le sol épuisé ne se réparait plus...

Aussi Montesquieu pouvait dire : « Les terres rendent moins en « raison de leur fertilité que de la liberté de leurs habitants. »

Le commerce, que les nobles regardaient comme une occupation déshonorante, était entravé par les douanes intérieures, par la diversité des monnaies, des poids et mesures, par le monopole de la noblesse.

Industrie. — L'industrie était soumise au régime des corporations. Pour exercer un métier, il ne suffisait pas d'en être capable ; il fallait passer par les corporations, les jurandes, les maîtrises et payer en outre des droits considérables.

Ces difficultés immenses pour l'ouvrier étaient à peu près nulles pour le fils du maître qui succédait à son père après un semblant d'examen.

De la sorte le privilège de fabriquer, de vendre, se transmettait dans les familles comme un fief.

Instruction publique. — Le peuple était plongé dans la plus grande ignorance : quelques écoles subsistaient dans les villes ; la plus grande partie des villages en étaient complétement dépourvus.

On pouvait parier que, sur cinq bonnes bourgeoises assises à une table somptueusement servie, aucune ne saurait compter jusqu'à 10.

Les études littéraires données dans les collèges étaient fort médiocres.

Les universités, si on pouvait les appeler ainsi, refusaient d'admettre à leurs cours les protestants et les juifs.

On entrait aux écoles spéciales, non par examen, mais par le favoritisme, par les titres nobiliaires.

Les livres n'étaient pas à la portée des paysans : il fallait avoir fait des études sérieuses pour les suivre.

Voltaire osait dire : « *Je n'écris pas pour la canaille* ».

En 1789, le peuple, en général, ne savait ni lire ni écrire ; et en 1833, quand Guizot fit la loi sur l'enseignement primaire, on constata que la moitié des conscrits étaient absolument illettrés.

L'ancien régime n'avait rien fait pour l'éducation nationale.

Si le cri de l'opinion publique a tardé jusqu'en 1789 avant de se faire entendre, c'est que, aveuglé par l'ignorance et sous le joug du despotisme, le peuple n'avait pas conscience d'un état meilleur.

Et il est toujours facile de maintenir sous le joug tyrannique celui qui n'a pas encore goûté les bienfaits de la liberté.

Tout ce que je viens de vous exposer a été détruit par la grande Révolution de 1789.

Mais non-seulement la Révolution a détruit l'ancienne société : elle en a rebâti une nouvelle, libre, mieux formée et plus intelligente.

Pourquoi les États-Généraux, négligés depuis 1614, ont-ils été réunis en 1789 ?

Les coffres de l'État étaient vides... Une assemblée de notables n'avait pas voulu voter les subsides demandés. Il fallait donc recourir aux États-Généraux, dernier espoir de la royauté.

Le 5 mai fut la date fixée pour la réunion des trois ordres de la nation à Versailles, savoir :

Noblesse	270 députés	561	
Clergé	291 —		17
Tiers—État.	578 —	578	

Le clergé, la noblesse, le peuple des villes et des campagnes rédigèrent les fameux Cahiers de 1789, c'est-à-dire les vœux dont les députés aux États étaient chargés de revendiquer la réalisation.

Une grande question se posa tout d'abord.

Devait—on délibérer et voter par ordre, comme on l'avait fait jusqu'alors, ou par tête ?

Le Tiers-État pourrait—il opposer ses voix à celles de la noblesse et du clergé ? L'avenir de la Révolution dépendait de la solution de cette grave question ; aussi la lutte commença dès les premiers jours.

Cependant, le « temps de couper le câble » était venu... ; le 17 juin, les députés des communes prirent une initiative pleine de hardiesse, sur la motion de l'abbé Sieyès :

« Attendu que cette assemblée est déjà composée de représentants envoyés directement par les $\frac{96}{100}$ de la nation :

« Ils se proclament en *Assemblée nationale*.

« C'en était fait des États-Généraux, de la division en ordres, de tout l'ancien régime. »

Cette résolution inquiéta la cour, et on décida Louis XVI à tenir une séance royale où il fixerait lui-même toutes les réformes à opérer.

En attendant, on fait occuper la salle des États par la force armée.

Les députés des communes, ayant à leur tête le savant et honnête Bailly, se rendent alors en cortège au Jeu de Paume (10 juin).

« C'est à deux pas du château de la monarchie, presque dans le fossé de ce château, en présence d'une cour décidée à la résistance, sous le sabre des régiments mercenaires qui enveloppent la ville, c'est dans une salle de jeu réservée aux princes, au sein même de l'ancien régime, que se dresse le régime nouveau, désarmé et déjà triomphant.

« Telle est la scène, Messieurs, et quant aux personnages, quels sont-ils? Des hommes inconnus, venus du fond de la province, ce qu'on a dénommé avec raillerie une cohue de petits bourgeois... Chassés de la salle de leurs délibérations comme une bande d'écoliers punis, ils errent par les rues de la ville les pieds dans la boue, la tête sous la pluie; le hasard les amène dans cette salle, et ils jurent à la France de ne point se séparer sans lui avoir donné une constitution.

Les circonstances donnent à cet acte une portée immense.

Ils jurent par là de ramener tout à un seul principe, de substituer la loi à l'arbitraire, l'égalité au privilège, la liberté au despotisme; ils juraient d'affranchir la terre, la pensée, l'homme, le citoyen et le pays.

Ce serment, ils l'ont tenu : la preuve en est que nous pouvons l'affirmer publiquement. » (1)

Enfin, la fameuse séance royale annoncée eut lieu le 23 juin. En se retirant, Louis XVI commanda aux députés de se séparer.

---

(1) Paroles prononcées par M. Jules Ferry, Ministre de l'Instruction publique, le 20 juin 1883, à l'inauguration de la salle du Jeu de Paume, devenue musée de la Révolution.

La noblesse et le clergé obéirent. Les députés du peuple, immobiles, silencieux, indignés, ne quittèrent point leurs sièges.

Le marquis de Brézé vint leur rappeler l'ordre du roi.

Alors Mirabeau d'une voix tonnante : « Allez dire, s'écria-t-il, « allez dire à ceux qui vous envoient que nous sommes ici par la « volonté du peuple, et qu'on ne nous en arrachera que par la puis- « sance des baïonnettes ».

Dreux-Brézé, intimidé par la majesté de cette souveraineté nouvelle qui venait de se révéler, sortit à reculons devant les représentants du peuple, comme il faisait devant le roi.

« Quoi donc ! dit un député breton, le roi parle en maître quand il devrait consulter ? » Sieyès ajouta : « Vous êtes aujourd'hui ce que vous étiez hier... délibérons. »

Ce jour-là fut perdue l'autorité royale.

Quelques jours après, les membres du clergé vinrent s'unir au Tiers-État ; la noblesse, sur l'ordre du roi, les suivit, et bientôt les trois ordres fusionnés formèrent l'*Assemblée nationale constituante* (9 juillet).

La Cour n'avait reculé que parce qu'elle n'était pas en mesure d'employer « la puissance des baïonnettes ».

Comme elle avait concentré plusieurs régiments autour de Paris et de Versailles, le peuple parisien répondit par une insurrection.

Le 14 juillet au matin, un cri unanime s'éleva dans la capitale : « A la Bastille ! » Et tout le monde descendit dans la rue !

La Bastille, construite en 20 ans par nos rois, de 1369 à 1389, passait pour imprenable ; elle avait 8 tours d'une hauteur vertigineuse, des fossés pleins d'eau, larges comme une rivière, des canons à toutes les embrasures : elle pouvait broyer le faubourg St-Antoine.

A 5 heures, elle était prise ! Il était temps : dans la nuit du 14 au 15 août devait se faire le coup d'État.

Ce jour-là une grande dame disait à Dumouriez : « Il paraît que les députés mutins sont déjà à la Bastille ! »

Quelques forcenés mêlés au peuple avaient malheureusement mis à mort de Launay, gouverneur de la Bastille, et Flesselles, prévôt des marchands.

En apprenant la victoire des Parisiens : « C'est une révolte, dit Louis XVI étonné. — Non, sire, lui répondit le duc de Liancourt, c'est une Révolution ».

On le vit bientôt.

Le mouvement de Paris se communiqua aux provinces ; le peuple, à l'imitation de celui de la capitale, s'y organisa partout en municipalités pour se régir, et en gardes nationales pour se défendre.

L'autorité, ainsi que la force, se déplacèrent entièrement ; la royauté les avait perdues par sa défaite et la nation les avait conquises.

Les provinces n'étaient pas moins agitées que Paris. Les habitants des villes prenaient les châteaux forts et se déchaînaient contre les privilégiés.

Les paysans refusaient les redevances, incendiaient la demeure des nobles, brûlaient les titres ;

Des bandes d'hommes errants, assurés de l'impunité, pillaient les campagnes et ajoutaient à tous ces désordres la terreur de leurs méfaits.

« Pour apaiser cet emportement des passions qui débordaient les anciennes barrières, pour arrêter ces excès impunis que tout honnête homme n'approuvera jamais, l'Assemblée sentit qu'il fallait sans délai, d'un seul coup, par quelque grande manifestation de sympathie, toucher au vif le cœur de la nation. »

4 Août. — Ce fut l'œuvre de la célèbre séance du 4 août.

Dans cette nuit, à jamais mémorable, on vit le clergé et la noblesse entraînés par l'esprit généreux de la Révolution.

Le duc d'Aiguillon et le vicomte de Noailles proposèrent l'abolition de tous les droits féodaux. Le clergé fit volontairement abandon de ses privilèges.

L'Assemblée vota d'enthousiasme l'égalité civile et politique.

Le 4 août changea la face du royaume ; il rendit tous les Français égaux et libres. Ils purent tous parvenir aux emplois, aspirer à la propriété et exercer l'industrie. Enfin, il rendit le peuple maître de ses destinées.

Quelque temps après eut lieu un incident touchant.

Jean-Jacob. — Les serfs du Jura avaient délégué un des leurs pour remercier l'Assemblée d'avoir adouci leur sort par ses décrets libérateurs ».

Ils avaient fait choix d'un homme qui était peut-être le doyen des paysans français, un vieillard de **120** ans, Jean-Jacob.

Il parut devant les députés entouré de ses enfants et de ses petits-enfants.

Sur la proposition de l'abbé Grégoire, toute l'Assemblée se leva, émue et respectueuse, devant l'héritier de tant de générations opprimées, devant le dernier de serfs de France, et lui décerna les honneurs de la séance. »

Pour faire disparaître jusqu'au souvenir des anciennes distinctions territoriales, l'Assemblée décréta, le 20 janvier 1790, la division de la France en 83 départements, qui furent eux-mêmes divisés en districts, cantons et communes.

La justice fut réorganisée sous une base plus équitable, les douanes provinciales disparurent, le droit d'aînesse fut aboli et les noirs de nos colonies furent aussi affranchis.

En un mot, toutes les libertés souhaitées étaient conquises.

La Constituante devait alors (30 septembre 1791) laisser place à deux autres Assemblées, la Législative et la Convention.

Si l'une et l'autre ont commis des erreurs, nous ne devons pas oublier que la grande Révolution de 1789 a eu pour but l'abolition de toutes les oppressions, de l'esclavage, et a produit l'émancipation des esprits.

Messieurs,

Cette page glorieuse de notre histoire que je viens de vous retracer d'une façon tout à fait impartiale, quoique bien imparfaitement, nous étonne par l'immensité du progrès réalisé.

Et les événements qui sont survenus depuis cette époque mémorable nous prouvent que, désormais, les immortels principes de 89 formeront toujours la base de notre gouvernement.

En fêtant le centenaire de notre grande Révolution, la France toute entière a pensé qu'il est du devoir des fils, qui n'ont eu qu'à recueillir l'héritage, de témoigner leur reconnaissance en bénissant à jamais les conquérants de nos libertés.

NOMEXY

Nous croyons devoir donner quelques renseignements sur la commune de Nomexy, voisine de Châtel, en raison des rapports qui existent entre ces deux localités, et surtout en raison des établissements industriels importants qui s'y trouvent depuis quelques années.

Nomexy et Châtel, deux localités sœurs qui ont dix siècles d'existence, ont toujours vécu en bonne intelligence et jamais rivales. Elles sont à peine séparées par une distance d'un kilomètre.

Par son industrie, Nomexy est appelée à prendre beaucoup d'extension. En effet, de 1870 à aujourd'hui, sa population a doublé (1), tandis qu'à Châtel on trouve à peine une hausse d'un dixième depuis un siècle.

Nomexy, qu'on prononce Nomsi, est appelé en patois Nomhey.

Situation. — Nomexy se trouve dans la vallée de la Moselle, rive gauche, en face de Châtel, près du ruisseau de l'Avière, sur la route nationale n° 57 de Nancy à Epinal. En 1876, sa population était de 620 habitants, tandis qu'elle est aujourd'hui de 1,114.

La station de Châtel-Nomexy, sur la ligne de Nancy à Gray, est à 290 mètres d'altitude, 420 kilomètres de Paris, 59 de Nancy, 16 d'Epinal. A ces voies de transport, il faut ajouter le canal de l'Est avec son port contigu à la gare. Le transbordement des marchandises peut se faire facilement et à peu de frais.

Nota. — La gare commune et le port commun entre Châtel sont situés sur le territoire de Nomexy.

INDUSTRIE

Filature. — L'importante filature de Nomexy a été fondée en 1880 par M. Peters, son propriétaire.

C'est la première filature de *continus* qui ait été montée en

---

(1) *Voir Appendice.*

France. Les résultats de ce nouveau procédé de filage étant très in-certains dès l'origine, le nombre des broches fut limité à 8,000.

Mais en 1892, il atteint le chiffre de 36,000.

L'établissement emploie 350 hommes ou femmes, consomme annuel-lement 8,000 balles de coton et est actionné par 1,000 chevaux vapeur.

Il possède une cité ouvrière modèle, et assure, moyennant une retenue de salaire extrèmement minime, ses ouvriers centre la ma-ladie, le chômage et les accidents.

Depuis 1889, il est également pourvu d'une caisse de retraite ali-mentée sans augmentation de retenue.

Ce qui nous a surpris, c'est de voir l'ordre et l'extrême propreté qui règnent dans toutes les salles de cette usine.

L'éclairage est produit par l'électricité.

Tissage. — Le tissage de M. Calame, construit en 1885, occupe une surface bâtie de 28 ares. Il emploie actuellement 100 ouvriers ou ouvrières, avec 100 métiers.

La machine a une force de 85 chevaux.

Les produits obtennus sont les cotonnades de toutes sortes. — Éclairage à l'électricité.

Scierie mécanique. — Une scierie mécanique à vapeur de 40 lames appartient à M. Joffroy.

Comme dépendances on trouve : des machines à injecter les tra-verses des chemins de fer ; d'autres préparent des semelles en bois pour galoches, des bois de tamis ; une fabrique d'acide pyroligneux, par la carbonisation en vases clos des bois dits de charbonnettes.

Cent vingt ouvriers environ sont répartis dans ces divers services.

Chaux, briques, plâtre. — M. André possède deux usines pour fabrication de chaux, briques et plâtre d'engrais. Elles peuvent produire en moyenne par année :

Chaux : 120,000 sacs ; briques : 400,000 ; plâtre d'engrais : 2,000 hectolitres. Environ 30 ouvriers y sont occupés.

Moulin.— Ancien moulin banal, dépendant du prieuré d'Aubiey, le moulin Gentilhomme, sur l'Avière, utilisait autrefois trois paires de meules.

Il a pris de l'importance depuis les transformations modernes : il est à cylindre. Une machine à vapeur y est installée pour le cas d'in-suffisance d'eau. On y prépare l'éclairage électrique.

Mouvement de la population de Châtel et de Nomexy

ANNÉES	NAISSANCES		DÉCÈS	
	Châtel	Nomexy	Châtel	Nomexy
1789	35	»	41	»
1802 à 1813	147	163	355	170
1813 à 1822	311	175	274	115
1822 à 1832	308	153	288	120
1832 à 1842	340	150	334	122
1842 à 1852	255	145	261	138
1852 à 1862	275	152	275	166
1862 à 1872	288	178	303	143
1872 à 1882	264	140	283	162
1891	39	39	40	40

*Noms des personnes ayant souscrit pour 10 fr., ou moins,
à cette publication.*

MM.
1. Henry Boucher, dép., de Gérardmer
2. Simonin, fab^t pap. chim., de Châtel
3. Gerbaut, rentier,   id.
4. Vallon, conseiller général et cons. municipal de Châtel.
5. Balland, cons. municip. de Châtel.
6. Fleurot, pharmacien,   id.
7. V.-J. Viac, boucher,   id.
8. Mme veuve Monsé, rentière,   id.
9. Vautrin, notaire,   id.

MM.
10. Mlle Grandcolas, rentière, de Châtel
11. Maillard, rentier,   id.
12. Jelen, retraité,   id.
13. Baudra, Séraphin, de Bult.
14. Lutz, conseil. municip. de Châtel
15. David, percepteur,   id.
16. Minot, agent réceptionnaire, id.
17. Dr Eury, maire de Charmes.
18. Commune de Vaxoncourt.
19. Commune de Mazeley,

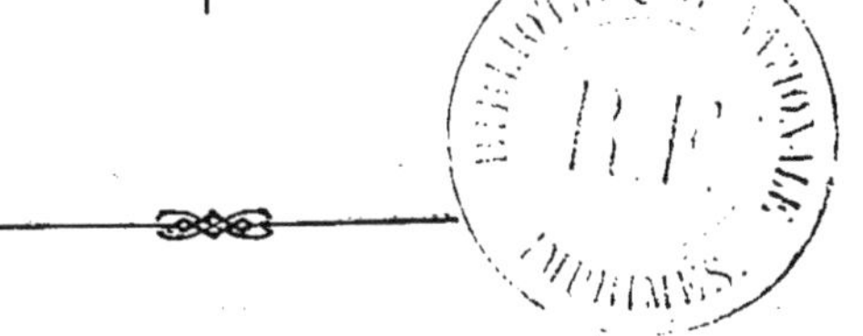